U0939304

王东京经济观察

中国的选择

王东京/著

中国青年出版社

序言

写了十二年专栏，身心俱惫。前年写完《中国的难题》，本想马放南山，就此歇笔一段时间，孰料时势比人强，这几年国内经济高歌猛进，可圈可点，但同时也麻烦不断，险象环生。作为经济学人，能身临其境观察中国经济转轨，千载难逢，机会岂能错过？于是我一路跟踪，还是坚持把专栏写下来了。

多年来，读者对我的专栏褒奖有加，说文章好读易懂。其实哑巴吃黄连，有苦自己知。平日事务缠身，写专栏不单时间有问题，而最难的还是怎样写。虽为改革的同路人，但毕竟是旁观者，缺乏实践历练，对错综复杂的经济现象，难免雾里看花。所幸在中央党校任教多年，近水楼台，能朝夕与学员切磋，加之又曾苦读过经典，知道怎样按经济学逻辑行文。这样写文章，对读者应该多少有些益处吧？

王国维曾说："对宇宙人生，须入乎其内，又须出乎其外。入乎其内，故能写之。出乎其外，故能观之。"研究经济亦如是。对当今诸多经济热点，我皆关注，但写文章却坚持要"入其内"。否则，不论话题有多热，绝不贸然下笔。曾因此谢绝报刊约稿无数，并非自己怠惰，而是因为没调研，未"入其内"。所以为写这个专栏，我行南走北，踏遍了大半个中国。与其说这本书是写出来的，还不如说是"走"出来的。

一本新书出版，要感谢的人很多。首先要提到的是我的导师宋涛教授。先生从教近七十年，诲人不倦，桃李满天下。记得在人民大学读书时，宋老办公室有一条幅："闲谈莫过两分钟"。可我每次登门求教，他都格外慷慨，有时会拿出几个小时和我讨论。回想那段在人大求学的日子，先生耳提面命，道德文章皆让我受益匪浅。是的，我一介书生，于今位卑未敢忘忧国，正是得益于先生当年的教诲。

我还要感谢《21世纪经济报道》的主编刘洲伟先生、编委马腾、观察家版主编马娟以及编辑胡敬艳女士。如果说，前年写《中国的难题》时，对如何选题彼此分歧多于默契，那么这一年多来，则是默契多于分歧。他们经常也会提选题，但同时给了我自由度，容许我按自己的视角写。总的感觉这本书写下来，比写《中国的难题》放得更开些，也更顺手些。

今年正好是改革开放三十年。站在新的历史起点，有人觉得潮平岸阔，也有人疑虑重重。我一向乐观，看好中国改革的前景。原因是市场经济大局已定，改革不可逆转。不过改革至斯，能改好改的都改了，再往后，诸如政府体制、社会分化、民生失衡等问题处理起来会更棘手，而人民币升值压力、新贸易保护主义抬头、美国次贷危机等，也将带给我们前所未有的考验。

“为天地立心，为生民立命，为往圣继绝学，为万世开太平。”这是北宋大儒张载的名言，愿以此与学界同仁共勉！

王东京

2008年秋于北京西郊大有庄

目录

改革过大关

居者有其屋

和谐万事兴

人口双刃剑

市场观潮

发展是硬道理

制度与规则

立足内需

守住货币闸门

科教兴邦

经济学与经济学家

附　　录

发表时间索引

提 要

改革过大关

改革尚待攻坚 ‖3

改革到了今天，能改好改的差不多都改了，再往后走，问题更棘手，矛盾也更多，农村改革、国企改革、政府改革仍是重中之重。我们已走到历史的关口，改革正在过大关，兵临城下，气只可鼓而不可泄。困难在于打攻坚战，除了要有勇气，还要有谋略。最要紧的是要摸准问题的症结，不然症结找不准，行差踏错，改革事倍功半不说，搞不好还可能贻误大好时机。因此，抓住要害对症下药，方为明智之举。

产交所任重道远 ‖7

产交所不仅是个交易平台，而且也是个竞价机制。有了这个平台，不仅资产买卖可以达成，更重要的是可以让众多的买家来这里竞价。尤其在目前大量国资参与转让的条件下，它能防微杜渐，抵腐堵贪。眼下改革正在攻坚，产交所在中国虽还是新事物，但生正逢时，任重道远。但愿产交所不负众望，努力践行公开、公平、公正原则，为推动国企改革大显身手、多多出力。

我不反对机构改革，问题是改革的次序应如何安排，是先改机构还是先改行政审批？我的观点应先改行政审批。审批制不破，机构改革将事倍功半。有前车之鉴，以往的机构改革，哪次不是改一回膨胀一回？个中原因，大家都说是官本位作祟，而官本位背后，其实就是行政审批权。设想一下，假若政府没有审批权，那么人们怎会千方百计要进机关？

事业单位必须改革，国人早有共识。现在的焦点不是改或不改，而是究竟怎么改，对此学界议论了多年，众说纷纭。最近中央指出，要对事业单位进行分类改革。改革不搞一刀切是对的，而我们面临的难题是对事业单位如何分类。从提供服务的性质看，大的方面无非是私人品和公共品，若再细分，公共品又分纯公共品与准公共品。

要实行市场经济，政府的职能必须定位在四个方面：保证国家安全、维护司法公正、弥补市场缺陷、保护那些“不能对自己负责”的社会成员。而且，政府手中的权力是一柄“双刃剑”，可以用来为民造福，但如果被滥用，就会威胁个人自由。正如弗里德曼所说，

居者有其屋

发商就无力恋战，地方政府想扶盘也鞭长莫及。毕竟经济规律不可战胜，与市场死扛，终归不是办法。

和谐万事兴

人口双刃剑

基本国策不可轻变 ‖67

中国控制人口的成就举世瞩目，三十年来，少生了三亿多人。但这还不够，要保证经济的成功，统筹人与自然的和谐，推进社会的进步，计划生育作为基本国策还得坚持下去，至少当下还不能轻言改变，绝不能让人口拖累未来。

人口问题要标本兼治 ‖71

扬汤止沸，不如釜底抽薪。计划生育既然要长期坚持，就得想个治本之策。我们的工作思路，是不是也要来一个转变，更多地从成本和收益方面想办法。超生罚款很多地方都用过，但效果不算理想，主要是因为它并不能有效地增加生育成本。乍看起来，罚款数额好像挺大，可平摊在孩子的一生中，实际上没多少钱。

8000亿元空账的着落 ‖75

我们的社会保障制度，从一开始，就在统筹账户之外设计了个人账户。目的就是让各人存各人的钱，自己吃自己的饭。将来即使"桌饭"(统筹账户)不够了，至少"份饭"(个人账户)这一块还是有保障的。这个设计思路是对的，可由于老年人的问题没解决，国家不得不将在职职工个人账户里的钱，挪出来救老人的"急"，结果令个人账户近乎一个"空账"。有人估算过，说光是养老金账户，空账就达8000多亿元。

北京的人口问题 ‖79

北京人口减压，我想到的有两招：一是放开户口，二是鼓励人口外迁。另外，居住在北京的人，所以有优越感，是因为北京是首都，国家部委都在北京。于是近水楼台，在配置公共资源时，中央政府让北京吃了不少偏饭。要知道，中国人自古恋家，外地人纷纷往北京挤，也是冲它来的。解铃还需系铃人，要彻底化解北京人口压力，看来最根本的办法还得实行公共服务均等化。

市场观潮

为全民炒股辩护 ‖85

批评全民炒股的学者，据说理由是怕助长股市投机。股市有投机吗？当然有。问题在于，股市若无投机，那还是股市吗？你可以反对内幕交易，反对违规操作，反对恶意欺诈，但就是不能反对投机。所谓投机，投资于机会也。有赚钱的机会就投资，没机会不投资，此乃投资的通行法则，何错之有？未必有钱不赚，专门赔钱才对？

关键在引导预期 ‖89

现在股市有泡沫，不用复杂推理，判断不会错。消除股市泡沫，政府不必直接打压，所要做的，一是严格监管，彻查违规入市资金；二是利用官方媒体普及风险教育，引导股民预期。只要预期理性些，股市自不会发神经。其实，天下没人愿赔钱，要真是看到了风险，股民自会谨慎行止。

普洱茶涨价有泡沫吗 ‖ 93

普洱茶当下没泡沫，不等于日后不出泡沫。潜在的危险是来自普洱茶的收藏。不错，普洱茶有收藏价值，但得有个前提，那就是稀缺。设想一下，今天大家都收藏普洱茶，待若干年后沽出，假若那时市场供大于求，你会卖到你所期望的价格吗？物以稀为贵是简单的道理，还是奉劝消费者多一些理性，少一些盲从为妙！

美元化焉知祸福 ‖ 97

美元化虽有些好处，但它所带来的负面影响，不可小视。阿根廷的教训，不啻为一帖清醒剂。一个国家是否推行美元化，还得权衡利弊、细数得失。一直以来，我国外汇市场交易都是以美元/人民币为主，然今非昔比，时变道也应变。为防范汇率风险，维护国家经济安全，逐步扩大欧元/人民币等非美元币种交易乃明智之举。俗话说，小心撑得万年船。至少多几手准备，不是什么坏事。

实名存款有喜有忧 ‖ 100

我们现在的存款实名制，还仅是身份实名。一些银行机构为拉存款不审核证件，加上假身份证猖獗，使得实名制几乎成了一纸空文。完善存款实名制，我的看法，还得采用广义实名制。这不仅可以杜绝身份造假，而且有利于建立个人信用评估制度。个人信用制度完善后，市场交易就更透明了，不仅能大量减少使用现金，而且更安全。

香港金融保卫战回眸 ‖ 104

香港的联系汇率有两个平衡机制：港币若受到冲击，或者资本外逃，将会使外汇（主要是美元）减少，发钞行就得向外汇基金交回港币，赎出美元，这将减少港币供应，港币和美元比例重新趋向平衡。此外，香港区区600万人，却坐拥近900亿美元，外汇储备位居全球第三，普通投机者翻不起大浪，冲击港币无异于蚍蜉撼树。

发展是硬道理

湖南新工业化梦想 ‖111

推动新型工业化，企业是主角，政府虽不能置身事外，但也不可越俎代庖。美国当年工业化的经验是政府只当“助推器”，不当“发动机”。政府既不下指标，也不办企业。政府所做的只是筑巢引凤，搭桥铺路，戏得由企业自己唱。要记住，经济发展有自身的规律，切不可拔苗助长。欲速则不达，急于求成往往会弄巧成拙。

政府要有所不为 ‖115

推动经济转型，政府应有所不为。假如由政府直接给企业规定能耗指标，由于行业不同，企业装备不同，对政府来说将是一项浩繁的工程。更严重的是，政府给定指标，主事官员一言九鼎，那么企业就会去笼络那些官员。如此一来，官员创租，企业寻租，上下其手，节能势必流于形式。想当年，政府要控制城市人口，于是就有人去买户口。今天政府要控制能耗，谁敢保证企业不去官员手里买指标？

统筹城乡三大重点 ‖119

统筹城乡，重点在以城带乡。中央提出“工业反哺农业，城市支持农村”，是方向，不会错，问题是如何落到实处。政府用行政手段下指标、压任务，短期或许见效，但长期看，硬按牛头强喝水，非长久之计，不可取。而可取的法门是用市场机制实行利益互补、城乡共赢。唯有如此，统筹城乡方能如鱼得水，事半功倍。

制度与规则

在公有产权下，价格并非配置资源的唯一规则，在某些情况下，政府可以干预价格。比如对公共服务品的价格，政府就不能坐视不管。不过对一般竞争性的私人物品价格，政府则不必插手，应放手由市场供求定。应该看到，只有由市场供求定价格，价格才能反映供求、调节供求。政府并不比市场高明，用不着包打天下。

减少矿难仅需一招，即完善法制。治乱须用重典。不错，唯有严刑峻法，方可警钟长鸣。假若我们学美国的做法，对那些恶性事故的责任人，法律能判他牢底坐穿，倾家荡产。这样利剑高悬，矿主岂敢对安全隐患置若罔闻？要知道，小矿主们不蠢，他们懂得权衡得失，只要生产不安全的成本大于收益，哪有漠视安全生产的道理？

贝克尔-施蒂格勒模型（BS模型）说，一个好的司法体系，只要有法庭执法就足够了，不必寻找其他执法方式。不过该模型成立有个前提，就是法庭执法要有最优的阻吓力，使所有犯法的人得不偿失。可现实情况是，有人犯了法，法院却未必能拿到证据，比如行贿受贿，若双方攻守同盟，死不承认，检察官再威严，也不能抓人。所以设立纪检委，事出有因，并非多此一举。

立足内需

减税的理由 ‖ 163

这些年社会各界要求减税的呼声四起，可政府为何一直举棋不定？不敢以己之心度政府之腹，但有一点似可猜中，那就是政府担心减税后财政会歉收。会吗？若了解一点供给学派，懂得拉弗曲线，我想就不会杞人忧天。举个极端的例子：假如把税率定高到90%，世上没人肯去办企业，政府也就无税可收；而若将税率减低到20%，那么办企业的一定多。企业多了，政府反而能财源广进。

增值税应当转型 ‖ 167

生产型增值税转型，对资本与技术密集型企业是福音。当下的问题是增值税一旦转型，财政是否承受得了？的确，全国每年6000多亿元的固定资产设备购置，按17%的增值税率计算，将少征1000亿元。不过，这仅是一笔账。还有一笔账是投资增加，增值额也会增加，企业效益提高，从而增值税和所得税将有所增加。两相冲抵，短期内孰得孰失不好说，不过从长远看利大于弊则确信无疑。

个税不妨网开一面 ‖ 171

社会在进步，今非昔比，今天人们的消费水准已大幅提升，不仅求温饱，而且求发展。古人云：时变道亦变。适当提高个税起征点已是人心所向，政府当顺势而为。如果说将起征点调至5000元/月不现实，那么先提至3000元/月，财政承受得起，而且既可减轻中等收入者税负，又可扩大内需，一箭双雕，岂不善哉！

守住货币闸门

2002年至2006年,中国货币供应(M_2)年平均增长17.1%,而同期GDP年增长约10%,可见我们的货币供应增长偏快。为稳定物价,避免经济大起大落,应借鉴简单规则的货币政策。考虑经济增长与劳动力增长,可把年货币供应增长率稳定在14%以内。利率可根据通胀指数调节,存款准备金率不宜轻易动,公开市场业务也应预先纳入货币供应总盘子。

美国要求人民币升值,说来说去,摆得上桌的理由就是美中贸易持续逆差。不否认美国是有逆差,但减少逆差,难道就得要人民币升值?李嘉图的比较优势理论闻名天下,美国人不会不懂。劳动力低廉是中国的比较优势,美国的比较优势在高科技,只要多增加高科技出口,互通有无,中美便是双赢。可惜美国扬短避长,用劳动密集型产品与中国拼,棋输一着,贸易怎能不逆差?

很多人以为,涨价就是通胀。其实不然,通胀会涨价,但涨价未必是通胀。经济学大师弗里德曼说,通胀始终是货币现象。只有当货币供应过量而导致货币贬值时,物价上涨才是通胀。反之,若是由于某些商品短缺引起价格上升,则不是通胀。此为经济学常识,大学教科书白纸黑字写得清楚。

网。其实，在用户眼里，成本并不只是服务费。经济学说的成本，是机会成本，是指做某种选择而放弃另一选择的最高代价。比如选择上大学，成本是放弃去工作；而选择使用新网，成本就是放弃旧网。

发展文化产业重在维权　‖ 208

中国文化产业刚起步，政府若有意推动文化产业发展，头等大事是维权。不仅要有法可依，关键在于对侵权行为要重拳打击。同时，政府还应有适当投入，扶持文化企业用高科技维权。在商言商，企业是要赚钱的，只要文化产业有利可图，哪有企业不投资的道理？若投资者能纷至沓来，那么中国文化产业大繁荣则为期不远矣！

大学博导的功用　‖ 212

说博导是激励教授的台阶，不会错。但要追问的是，欧美国家为何不给教授评博导呢？难道是他们的教授无需激励？非也。我曾访问过西方的一些大学，就我所知，他们搞的是聘任制。除个别教授能签到终身合约，多数人都有任期。长则三年，短则一年，合约期满，校方不续聘就得走人。而且，你在某大学是教授，换到别的学校未必还是教授。教授非终身，故为保饭碗，人人自危，谁也不敢掉以轻心。

评职称为何不能抓阄　‖ 216

投票是集体选择，抓阄是个人选择。集体选择，奉行多数原则。多数通过的投票结果，大家都得服从，这样投票势必要限制少数人的自由。相反，抓阄尊重个人自由，但很多公共事务的决断又不可抓阄。自古难两全，投票有美中不足，抓阄也有局限。所以选用投票还是抓阄，关键是看所决断的事项是否有外部性。

经济学与经济学家

经济学究竟解决什么问题 ‖223

从苏格拉底为经济学奠基，迄今整整过去了二千二百五十年，经济学也由最初的一些天才思想，发展成为体系完整、论述严密、流派纷呈的“社会科学之王”。但是，不管经济学家怎么表述，也无论这门科学如何变迁，经济学所必须面对的问题，归根结底只有一个，即如何选用有限的资源来生产有价值的商品，并把它们进行合理分配。

开启经济学大门的钥匙 ‖227

经济学的基本理论，归结起来就是三个假定、三个原理。这三个假定是经济人假定、资源稀缺假定和保护个人产权假定；与此大致对应，便是三个原理，即利润最大化原理、供求原理和等价交换原理。这六条，简单得令人吃惊，人们懂得它，不一定能成为经济学家，但如果不掌握它，一定成不了经济学家。

中国经济学家的责任 ‖232

中国现在的经济学，无非来自两方面：一个是马克思主义的经济学，另一个是西方经济学。但不管哪个方面的经济学，都必须与中国的实践相结合。说得更直白一点，就是中国的经济学，也应当成为“山沟里的经济学”。中国的经济学家，应该根植于中国的土壤，致力于解决中国自己的问题，努力成为“山沟里的经济学家”。

附　录

不能得手？现在回头看，以往改革确实有不少值得反思的地方。

文化产业：经济发展的新亮点 ‖ 276

随着社会经济发展，比如从温饱到小康，人们对文化产品和服务等高层次需求越来越多，提供文化服务变得有利可图，就会有越来越多的生产者提供文化产品和服务，文化产业也将水到渠成。

寄语《中国经济观察》 ‖ 286

一份刊物的分量，在于其文章的价值。文章重，则刊物重。不然名头再大，鱼龙混杂，良莠不齐，终成不了圭臬之作，哪里谈得上和者云集，更遑论经世济民了。因此，我们举贤选优，激活了这口中国当代思想界和学术界的泉眼，也成就了今天的《中国经济观察》。

产权市场中国创造 ‖ 288

组建产权交易中心，是流转国有产权、促进经济转轨的一大创新。其精髓在于透明和竞争。通过产权交易中心进行信息公示和价格竞拍，不仅更多地引入了竞争，构建了一个较为客观的价格发现机制，而且将这一过程“阳光”化了，确实是个很重要的发明。

《中国的难题》编辑印象 ‖ 291

《中国的难题》把经济、社会、时政等问题纳入经济学的大视野，重点聚焦转轨时期中国经济社会的难题难事，从经济学专业角度一一进行分析、点评、解读，并以一种平和的心态、平易的口吻、平实的话语与人作倾心交流。

与思想者同行 ‖295

《中国的难题》洋洋洒洒二十余万字，从“三农”到民生，从产经到金融，从科教到政府改革，从学界之争到官场点评，林林总总六十余篇。文风清新，文字平易，内涵深邃。读来如行云流水，令人不忍释卷。

改革过大关

1

改革尚待攻坚

改革从1978年算起，即将进入三十年。三十而立，是关节点，当举杯一醉。虽说三十年不长，弹指挥间，不过经济持续数十年高增长，中国历史上并不多见。文景之治是三十八年，贞观之治仅二十三年，而且今天的成就，更非昔时可比。政通人和，国泰民安，所以不管将来历史学家怎么看，但我相信后辈子孙对这一段的评价不会差。

不是要评功摆好，GDP与财税的数字不罗列。这里想和读者讨论的是下一步的改革思路。无须讳言，此前三十年，改革风生水起，有声有色，但总的说，还是摸着石头过河，停停走走，仍有不少地方未尽如人意。而且到了今天，能改好改的差不多都改了，再往后走，问题更棘手，矛盾也更多。

是的，我们已走到历史的关口，改革正在过大关，兵临城下，气只可鼓而不可泄。困难在于打攻坚战，除了要有勇气，还要有谋略。最要紧的是要摸准问题的症结，不然症结找不准，行差踏错，改革事倍功半不说，搞不好还可能贻误大好时机。因此，抓住要害对症下药，方为明智之举。

下面分三点谈，是个人的思考，意在抛砖引玉。

先说农村改革。可以肯定，发端于安徽的家庭联产承包，将来必会载入史册。它的功劳是在很短的时间里就解决了亿万农民的温饱。现在的问题是农民脱贫之后，如何致富？官方的数字，目前农民人均耕地 1.4 亩，很明显，农民若想靠一亩多地致富，怕是希望渺茫。曾到河南农村调查，农民说，富不了是耕地太少，若是人均能种 20 亩地，致富不成问题。

邓小平早年就说，农村改革要有两次飞跃：第一次是家庭联产承包，第二次是土地规模经营。不错，没有规模经营，农民收入不可能大幅增加。所以，农村今天改革的重点应转向规模经营。与此相联系，我以为深化农村改革有三件事刻不容缓：一是农业人口非农化。农民不减少，规模经营无从下手。二是城镇化。不加快城镇化，农业劳力转不出，非农化则纸上谈兵。三是明细耕地产权。耕地流转，前提是农民要有产权。若产权不归农民，转让不合法，规模经营则只能纸上谈兵。

这三条，是当下“三农”问题的牛鼻子，若紧抓不放，农村改革必有大成。

再说国企改革。我的看法，此项改革的重点难点皆在产权。国企改革起步于利改税，而后改行承包，再搞股改，左试右试，效果不理想，为什么？说到底，是产权主体缺位。倒不是说国有资产名花无主，相反，国资属全民所有，政府文件写得清楚。问题是国资归全民所有，却非全民支配。国资的支配权，其实在各级政府手里，而政府作为代理人，再授权给企业经营者。如此一来，经营者只对政府负责，而真正的所有者却变成了局外人。

经济学说，在给定的约束条件下，人们要追求利益最大化。花自己的钱办自己的事，既讲节约又讲效果；花别人的钱办别人的事，既不讲节约又不讲效果。国企改革二十多年，至今乏善可陈，原因就在国家独资或一股独大。改制前，经营者用国家的钱办国家的工厂；改制后，经营者则用国家的股份办国家的公司。既然都是花别人的钱办别人的事，国企的效益会好到哪里去？

所以我的观点，国企下一步改革的关键是改组股东会，引入非公资本，实行投资主体多元化。

至于政府改革，当前的困难是政府当事人既无动力，又无压力。原因简单，以往改革都是精简机构。设身处地地想，政府撤并机构，就会有官员下岗。切肤之痛，谁会真心实意地支持？麻烦在于，在政府之外，还找不到一种力量逼使政府成事。机构改或不改，旁人虽可提建议，但最后还得由政府说了算。假如你去部委演讲，告诉那里的官员，说撤销他们的机构有多重要，有多少好处，他们会赞成你吗？怕是与虎谋皮，徒劳而已。

当然不是说机构改革有阻力，政府体制就不能改。而是说，政府改革要有作为，必须另辟蹊径。其实，改革政府，并非只有机构改革一途，也未必一定要先改机构。我的看法，比改机构更重要的是改革行政审批。相比撤并机构，此举之妙是兵不血刃，无须官员下岗，不会造成社会震动。而且审批制一改，迷恋机关的人必会减少，于是机构改革变得容易，干部制度改革即可顺水推舟。

说过多次，改革是系统工程，涉及面广，故当下需改革的，并不只这三方面。但要指出的是，在诸多改革中，此三方面最重要，牵一发而动全身。所谓改革攻坚，我体会就是要集中兵力，突破重点。可以想见，未来五年，假若农村、国企与政府的改革能如期到位，中国经济一定再添亮色，更有看头。

写到这里，想起了孙中山先生的名言，改几个字，与大家共勉："改革尚待攻坚，同志仍需努力。"

产交所任重道远

北京产权交易所入住金融街，总经理熊焰先生邀请我参观新交易大厅并讲话，参观当然乐意，为难的是要讲话。笔者从教十数年，每天非讲即写，按理不应为讲话犯怵，问题是产权话题敏感，万一讲得不对别人胃口，个人挨骂事小，要是影响了北交所的名节，我可担待不起。

当然，这并非担心自己讲话走板，一介书生，一颗平常心，不刻意标新立异，更不想惊世骇俗。我的担心是由于大家对“人”的假设不同，看事想问题，观点难免南辕北辙。几年前，我撰文介绍亚当·斯密的“经济人假定”，结果招来一片非议。遗憾的是至今仍没人教我，离开了此假定，经济学到底如何做推理。

不知为不知。既然我不懂别的推理办法，那么本文的分析，还得仰仗经济人假定。由此出发，将重点讨论三个问题：第一，国企产权为何要转让？第二，资产转让如何定价？第三，产权交易所的功能是什么？这三个问题相互关联，也相对独立，为行文方便，我逐一说来。

先说国有产权为何要转让。归总的答案是改善国资的运营效率。回顾改革的历程，国企改革起步于利改税，而后改行承包制，再走股改的路，其间中西疗法都试过，但效果皆不理想。何以如此？说千道万，推到底是产权主体缺位。人所共知，国有资产归全民所有，支配权归各级政府，政府再授权给企业经营者，企业经营者只对政府负责。如此一来，真正的所有者成了局外人。

问题在于，若经营者能以全民福祉为重，恪尽职守，让国资保值增值，事情也还简单。麻烦在于，经营者是经济人。经济人要追求自身利益最大化。经营国有企业等于花别人的钱办别人的事，节约和效果二者都难保证。现实的例子俯拾即是，容易观察得到的是房改后人们搞装修。你去问问政府的处长，自己家里装修与给机关装修办公楼感觉如何？只要对方说实话，感觉肯定不一样。我们经常看到有人装修办公楼吃回扣，结果东窗事发被法院判刑。可有谁见过哪位处长自己家里装修也吃回扣，结果被老婆告到纪委而被纪委双规的呢？一个也没有吧！

由此，我们不难明白，国企改革二十多年了，为何总是翻牌而机制未改。近些年，非公经济势如破竹，正因为它是花自己的钱办自己的事，有既讲节约又讲效果的机制。可见，国企要转机建制，就得网开一面，让“非公”资本加盟。不然，非公资本进不来，投资主体不能多元化，企业机制就变不了。从这个角度看，国资转让势在必行。

再说资产转让如何定价。其实，这个问题已讨论多年。争论的焦点是国资到底该按什么价格转让？学界有人批评当下存在国资流失，基本的理由是国资转让价低于账面净值。林子大了什么鸟都有，我不怀疑有国资流失的现象存在。但要指出的是，低于账面净值转让资产未必是资产流失。八年前，我花16万元买捷达王轿车，使用寿命二十年，每年折旧5%，开了五年，折旧4万元，净值有12万元；若按里程寿命20万公里算，我开了5万公里，每公里折旧0.8元，恰好折旧4万元，净值也是12万元。可三年前我转让时，10万元却无人问津。后来按6万元转手，心中不免遗憾，但我明白这不是资产流失，因6万元已是市场的最高出价。

当年马歇尔讲得清楚，市价要由供求双方共同决定。按净资产转让国资，那只是卖方的供给价（成本价），而需求价则由买方决定。倘若国资供不应求，炙手可热，那么成本价就是市价，此时国资转让若低于净值，那必是资产流失。假如情形不如此，结论就得跟着变。比如，如果国资供大于求，转让价则转由需求定，即使需求价低于净值，也不能算做国资流失。那么，站在供求双方的角度，资产的市价怎么定呢？让我们看经济学前辈怎么说。

美国经济学家费雪1930年出版《利息理论》，他有个著名观点，说资产价格是预期收入的贴现。比如某人花10万元种了一片果园，现在他要卖掉，请问果园值多少钱？从卖方立场看，自然不希望少于10万元，可费雪说，果园的市价，并不决定于前期成本，起关键作用的有两点：一是预期收益，二是贴现率。假定果园预期年收益8000元，贴现率（按银行利率）10%，果园的价格就是8万元。若贴现率不变，而假定年收益为15000元，则果园的价格为15万元。

分析精辟！想想吧，假如你是买主，你手里有10万元，若存入银行年平均利息是1万元，你会花10万元购买年收益只有8000元的果园吗？当然不会。反过来，假如你是卖主，若果园的年收益是8000元，若银行利率10%，那么你也绝不会以低于8万元的价格出售果园，对不对？

最后来说产交所的功能。直白地讲，产权交易所就是个平台。可千万别小看了这个地方，表面看，它只是个交易场地，但想深一层，它其实也是一种竞价机制。有了这个平台，不仅资产买卖可以达成，更重要的是可以让众多的买家来这里竞价。上文说过，资产价格是预期收益的贴现。但预期收益是未来收益，具有不确定性；而且资产为不同的人使用，收益预期也千差万别。若无买方竞价，让买卖双方手拉手成交，就难保国资转让不吃亏。

还是举果园的例子。同样一片果园，张先生不懂经营，预期年收益仅8000元，但若由李先生打理，预期年收益是1万元。预期收益不同，资产贴现就大不一样。按贴现率10%计算，张先生出价8万元，而李先生会出价10万元。假如没有产交所，果园出售的消息李先生不知，于是也就没人与张先生竞买。如此一来，张先生就能以8万元买下果园。若这个果园是国家的，那么张先生还可能以回扣说动事主，按低于8万元的价格成交。

由此观之，产交所不仅是个交易平台，而且也是个竞价机制。尤其在目前大量国资参与转让的条件下，它能防微杜渐，抵腐堵贪。眼下改革正在攻坚，产交所在中国虽还是新事物，但生正逢时，任重道远。但愿产交所不负众望，努力践行公开、公平、公正原则，为推动国企改革大显身手、多多出力。

大部委制妙不在大

学界讨论大部委制改革已有一段时间，早就想写文章，但每次都欲言又止。倒不是我不赞成大部委制，而是认为大部委改革并非始于今日，没有必要过多地予以渲染。远的不说，2003年新组建商务部和国资委，敢问不是大部委是什么？我体会，所谓大部委制，说白了就是国务院启动新一轮机构改革。

掐指算，改革开放三十年，大的机构精简至少有五次，其间部委合并也屡见不鲜。此次中央高层决定再对政府机构动刀，原因是政府部门的职能重叠、机构臃肿问题至今未解决好。积重难返，若不将相近部门合并，釜底抽薪，不仅政府瘦身难，而且由于政出多门，相互掣肘，决策效率也无从提高。从这方面看，推行大部委制并非多此一举，而是有必要的。

综观天下，由于国情有别，各国政府机构设置虽无划一模式，但有一点可肯定，市场经济国家施行的皆是“小政府、大社会”。空口无凭，以事实为证。美国目前的部级机构，仅十五个，英国十八个，加拿大十九个，澳大利亚十六个，法国十八个，德国十四个，西班牙十五个，日本十二个，韩国十八个，新加坡十五个。而当下我们国务院下属的部委就有二十八个、特设机构一个、直属机构十八个、办事机构四个。

说过多次，我不反对机构改革。问题是改革的次序应如何安排，是先改机构还是先改行政审批？我的观点应先改行政审批。审批制不破，机构改革将事倍功半。有前车之鉴，以往的机构改革，哪次不是改一回膨胀一回？个中原因，大家都说是官本位作祟，而官本位背后，其实就是行政审批权。设想一下，假若政府没有审批权，那么人们怎会千方百计要进机关？

机构改革的难处正在于此。现在看，推行大部委制最大的困难，恐怕是官员分流。据说，仅组建一个“大交通部”，就得多出十个副部级官员，那么局、处以下的官员呢？怕是数以千计吧。不要说让这些人辞官回家，就是降级安排，人家也未必会乐意。不是吗？当初国家体委改体育局，降为副部级，可不久又改为体育总局，恢复正部级，为何？具体背景我不知，但将心比心，谁愿意自己官越做越小呢？

推行大部委制，另一困难是功能整合。以大交通部为例，据说思路是要把民航总局、交通部、铁道部合并。当然，合并机构不难，只要国务院点头，操作易如反掌。可要知道，机构合并是一回事，功能整合却是另一回事。前几年，国内大学合并一阵风，结果如何呢？貌合神离。据说现在有的大学正副校长达二十人之多，人多嘴杂，大小事情都议而难决。大学尚且如此，何况有职有权的部委官员？

退一步讲，即便政府的官员高风亮节，能以大局为重，功能整合也非易事。想得到的困难首先在体制，民航总局和交通部的企业，现已归属国资委，而铁道部既是政府机构又拥有数千亿资产，体制不同，怎可简单拼装？而从管理角度看，目前铁道部、交通部和民航总局都有自己的调度中心，受技术限制，这三个中心近期还无法合并，若水陆空交通各自为战，不能协同调度，整合功能就是一句空话。

大交通部如此，而大能源、大农业、大文化等部委组建，其情形也会差不多。于是这就带出了一个问题：大部委究竟应该多大合适？是越大越好吗？非也。经济学讲适度规模，一定是从交易成本看。科斯当年研究企业，曾明确指出企业规模决定于交易成本。企业如此，政府也如此。毫无疑问，国务院推行大部委制，原本是希望提高行政效率，节省协调成本。如果规模过大，导致协调成本更高，那么这样的改革就是得不偿失了。

行文至此，我想对大部委制改革说三点建议。

第一，以改革行政审批为突破口。中央推行大部委制，旨在完善政府服务，而不是行政权的简单集中。因此政府机构不管怎么改，归根结底就一条，即转换角色，建设服务型政府。这几年，中央一直三令五申，要规范和减少行政审批，并最终将审批制过渡到备案制。若能令此项改革先走一步，将行政审批改为备案，那么迷恋政府机关的人必定大大减少，于是机构改革则可顺水推舟。

第二，切忌刮风。其实，大部委制改革的重点不在“大”，而在功能整合。“大”不是改革的目的，机构设置大小，必须充分考虑交易成本，宜大则大，宜小则小，不可一味地求全追大。即便是功能相近的机构，合并也可分步到位。总的说有两个原则：一是先动人后动机构，二是先试验后推广。分流人员若不先做安置，动机构必有阻力。若不试点就推广，全线出击难免会打乱仗。

第三，完善制衡。大部委一旦组建，毫无疑问，它所掌握的资源会更多。经验表明，权力失去制衡会滋生腐败，因此，如何对大部委施以制衡，是大问题，很紧迫。我认为，中纪委的纪律检查重要，国家审计署的财务审计也重要，但更积极的制衡应是行政权分立，即决策、执行、监督分开，让裁判不得打球。对此深圳早年有探索，决策层不妨加以借鉴。

我听到的消息，大部委改革方案日前已报送国务院，据说此次只是组建大交通部与能源部。实行分批改革，当然好，是明智之选。问题是如何强化新组建部委的服务职能，使其真正成为服务型政府，此事目前正待破题，也是改革的重点，在这方面，看来我们还得多多研究才行。

事业单位何去何从

有朋友告诉我，他费尽九牛二虎之力，四处托人，年前终于调进了一家事业单位。可最近听说事业单位要改革，却又不知会如何改，于是想到咨询我。其实，我也未见得有何具体的方案，但研究经济多年，要做些推测不难，不过是个人之见，不能完全作准。考虑问题有普遍性，干脆写出来，和读者一起讨论吧。

中国的事业单位，外国少见。顾名思义，事业单位既不同于政府，也不同于企业。政府负责提供公共管理与服务，经费由财政全额拨款；而企业为经济主体，自主经营，自负盈亏。事业单位介于两者之间，由于承担了部分公共职能，财政要给一定资助；由于不是全额拨款，自己还得创收。当然，它不会像企业那样，自负盈亏。

据统计，中国现有事业单位120多万个，涉及近3000万人，汇集了中国近三分之一的专业人才，拥有国有资产数万亿元，横跨教育、卫生、科技、文化等多个领域。平心而论，事业单位曾提供了大量的就业岗位，不仅替政府分忧，也为企业解难，历史地看，事业单位对社会的贡献，有目共睹，功不可没。

但是，随着体制转轨，事业单位作为计划经济产物，其弊端也日渐显现。最突出的则是机构臃肿、效率低下。也难怪，眼下的事业单位，不仅享有财政拨款，而且和政府机构一样，还有行政职级，掌握某些行政权力。所以，有人说事业单位是“二衙门”，并非信口开河，自有一定道理。

事业单位虽非政府机构，但待遇却几乎与政府无异，单凭此，就自然会对很多人有吸引力。何以见得？我观察的事实是前几次政府机构精简后干部转岗，首选则大多是事业单位。另一个现象就是，现在的大学生，若考不上公务员，也有不少会选择事业单位。这么多人对事业单位情有独钟，争先恐后往里挤，怎么能不机构臃肿、人浮于事呢？

另一弊端是产权不清。事业单位或由政府出资，或挂靠政府部门，这样往往会导致公共资源的过度使用。哈丁在《公地的悲剧》中讲述了这样一个故事：一群牧民在一块公共草场放牧，由于草场退化的代价是共同负担，所以人人从私利出发，都选择多养羊。可这样做的后果却是草场加速退化，最终谁也无法养羊。现在某些事业单位，一手拿着财政的钱胡花乱造，同时又为牟取小团体利益，打着政府的旗号四处拉赞助、发证书，闹得民怨沸腾。

是的，事业单位必须改革，国人早有共识。现在的焦点不是改或不改，而是究竟怎么改？对此学界议论了多年，众说纷纭。最近中央指出，要对事业单位进行分类改革。改革不搞一刀切是对的，而我们面临的难题是对事业单位如何分类。从提供服务的性质看，大的方面，无非是私人品和公共品。若再细分，公共品又分纯公共品与准公共品。由此看，事业单位可分三类。

第一类，提供私人品的事业单位。此类单位主要包括报刊社、出版社、艺术院团和各类认证中心等，它们提供的产品或服务虽有公益性，但主要还是私人品。经济学对私人品的定义，即消费有排他性且能通过市场收费。显然，无论报刊出版物、文艺演出还是产品认证，不仅消费排他，而且都是有偿提供，故此类单位应率先改革。当务之急是让其与政府彻底脱钩，迫使它们作为独立企业走向市场，自负盈亏。

第二类，提供准公共品的事业单位。目前的中小学校与公立医院等，当属此类。虽然它们提供的服务也是私人品，但具有公共品的特性。也正因如此，所以长期以来人们认为这些单位要由政府出资办。对上学与看病，我当然不反对政府资助，但资助方式必须改。按现行做法，政府直接拨款给学校与医院，但它们服务如何，由于没竞争，政府无从考查。与其如此，还不如减少拨款，而改发教育券给学生，让学生自主择校，同时补充医保，让病人自主就医。只要同行间引入竞争，服务必将大大改善。

第三类，提供纯公共品的事业单位。最典型的是从事基础理论研究的科研院所、公共图书馆以及提供公用设施的部门等。这些单位提供的产品与服务，不仅消费不排他，而且无法收费，是完全的公共品。经济学说，公共品领域市场会失灵，所以政府应全力支持这些提供公共品的部门。但要指出的是此类单位虽不必大改，但内部应实行企业管理，要有成本核算，不能再吃大锅饭。

以上三类，只是大致划分。篇幅所限，这里不可能包罗万象，将所有事业单位一一归类。其实，若读者同意我的分类，那么按你所在行业特点，自己便可对号入座。即使具体归类有不同，但改革的目标不应有分歧。这就是提供私人品的事业单位要完全走向市场，提供准公共品的事业单位要减少拨款、引入竞争，只有提供纯公共品的事业单位会保持原体制而强化内部管理。

再多说一句，鉴于过去政府改革滞后，这些年事业单位改革也总是雷大雨小。但凭直觉，新一轮改革将会不同以往。据说有关部门正在紧锣密鼓地制订方案，一旦推出，改革定将势如破竹。开弓没有回头箭，中央下了决心，又得天时地利，愿此番改革能马到成功！

让政府成为仆人

国务院高层最近表态，要建设服务型政府。据此看，跟下来的几年，政府会有大的改革举措出台。倘如此，这将是国家之幸、百姓之福。近三十年来，中国经济发展可圈可点，但若政府职能不转变，未来经济要保持强劲增长，肯定会遇到一些麻烦。

我曾到南方某钢铁企业调研，听说了一件事情，让我感慨万千。这家企业有一座炼钢高炉，已经过了报废的年限。领导层决定自筹资金，另建一座新高炉。但报告打到政府有关部门，没有得到批准。这样一来，可就难坏了企业的领导，旧高炉已经在超期服役，而新高炉却不让上马，怎么办呢？后来他们灵机一动，重新打了份报告，不过，这次没说建新高炉的事，只是要求对原来的高炉进行易地改造，结果很快批了下来。

我们知道，一辆汽车，这儿修不好可以到那儿去修，但一座炼钢高炉，是一砖一瓦砌成的，好几十米高，搬不动，移不走，怎么能易地改造呢。其实这里所谓的易地改造，跟建一座新高炉完全是一回事。但前者能批，后者就不能批，这不由使我想起了一个成语：朝三暮四。这个成语，最早是指玩弄手法，蒙混过关，现在的含义是后来引申出来的。据《列子·黄帝篇》记载，宋国有个人爱养猴子，后来越养越多，喂不起了，只好“将限其食”。他跟猴子们说，今后我给你们喂地瓜，早上给三块，晚上给四块，够吗？“众猴皆起而怒”，他一看不行，就换了个说法，“朝四而暮三，足乎？”结果“众猴皆伏而喜”。这两件事情，一个是养猴子，一个是办企业，一个发生在古代，一个发生在现代，然而二者却有异曲同工之妙。

国企改革已经进行了二十多年，很早就提出政企分开，但直到现在，政府依然管得很多，统得很死，做了很多费力不讨好的事，结果企业万般无奈，才不得不玩文字游戏，弄出上面的笑话。其实，这反映了一个问题，就是我们的政府职能定位不清，不该管的事情揽了一堆，而分内的工作却没有做好。用一句土话说就是：“种了别人的地，荒了自己的田。”

那么，政府应该做什么？这个问题很大，笼统地问，还真是不太好回答。在经济学大师亚当·斯密看来，政府最好什么也别做，只当个“守夜人”，晚上别人睡觉的时候，它出来打一打更，看一看门，报一报“平安无事”就可以了。到了凯恩斯时代，政府的责任更大了，要管的事也更多了。这个时候，看门的老头变成了居委会的老太太，不仅要协助民警搞治安，遇上邻里纠纷、婆媳吵架，还得出面调解一下，或者为下了岗的女工联系工作，替生活特别困难的家庭争取点救济等等，都是它的工作职责。

20世纪70年代，福利国家兴起，政府就更忙了，从摇篮到坟墓，社会生活的各个方面，它都要管一管。相比之下，这个时候的政府，更像一个家庭保姆，而且是一个受气的保姆，经常遭受来自社会各方面的批评。富人可能会抱怨，政府是在惩罚成功者，把大量的钱从他们手中拿走，去救济那些不思进取的人；而与此同时，穷人也在嘟哝，说政府缺乏同情心，允许富人们花天酒地，一掷千金，却对他们生活水平的停滞无动于衷。

如果说福利国家的政府，扮演的是保姆角色，那么，在改革开放以前，我们的政府承担的则是家长的职能。从油盐酱醋、针头线脑，到职工的生老病死、住房医疗、入学就业，政府无所不管。说是政府的职责，其实有很多事情，政府并没有亲自动手，而是交给了企业，也就是所谓的企业办社会。不过，话又说回来，当时我们实行的是计划经济，吃的是“大锅饭”，这些事由企业管也好，由政府办也罢，背着抱着一样沉，反正企业是国家的企业，职工是国家的职工，不管谁出面，本质上是一样的。现在不同了，我们要实行市场经济，政府和企业，必须丁是丁，卯是卯，分开算账，你的孩子你领走，我的孩子我养大，双方分清职能，各司其职，不能再混在一起吃“大锅饭”了。那么，政府的职能应如何定位呢？

美国经济学家弗里德曼在他著名的《自由选择》一书中写道，政府的职能主要有四个：保证国家安全、维护司法公正、弥补市场缺陷、保护那些“不能对自己负责”的社会成员。维护国家安全和司法公正，这样的工作必须由政府来做，因为除政府之外，没有任何其他组织和个人能承担起这些职责。其中的道理，大家都明白，也不用我多说。需要着重解释的是政府的第三和第四项职能。

市场经济的基本原则是等价交换。我享受了你的产品或服务，我得掏钱，他给我造成了损失，他得赔偿。这个原则虽然很简单，但却是市场效率的源泉。不过，在有些场合，这个原则可能无法执行。比如，你自己掏钱搭建了一盏路灯，为过往的行人提供照明，行人得到了你的服务，他们应该掏钱，以弥补你建路灯的成本。但如果真的去收费，那可能是很困难的。也许会有人说，我自己能走这段路，根本不需要你照明，你非要向我收费，那是强买强卖；甚至有人会这样讲，我的眼睛怕光，我根本不愿意见到路灯，你在这里弄了盏路灯，损害了我的眼睛，我不让你赔偿就是好事。

大家已经看到，等价交换的原则在这里玩不转，这就是所谓的“市场失灵”。由此造成的结果，就是没有人愿意去建路灯，因为无法收回成本。但我们又的确需要路灯，怎么办呢?一般来说，类似的产品，应由政府来提供。在这里，政府就是在弥补市场的缺陷。

政府的第四个职能，是保护那些“不能对自己负责”的人。这里所谓“不能对自己负责”的人，用一个法律术语讲，就是无行为能力的人。儿童是典型的无行为能力的人，一般来说，我们把他交给父母。但交给父母，并不意味着不需要政府的保护。如果有极端不负责任的父母，对孩子为所欲为——虐待，甚至残害他们，就得需要政府出面，来保障孩子的基本权利。

有一点需要说明，政府手中的权力是一柄“双刃剑”，可以用来为民造福，但如果被滥用，就会威胁个人自由。弗里德曼特别提醒人们，要警惕政府权力的滥用，他说："要把政府的活动限制在一定范围内，让政府成为我们的仆人而不让它变成我们的主人。"

居者有其屋

2

反暴利是隔山打牛

近来舆论差不多一边倒，口诛笔伐，指责房产商哄抬房价，为富不义。于是要求公布开发成本，反暴利的呼声不绝于耳。消费者希望房价回落不必说，但要指出，这种指望公布成本打压房价的想法是隔山打牛，错开了药方。

不必怀疑我的动机。心可对天，本人与房地产商绝无瓜葛。所以这么看，是因为经济学说，价格并不完全取决于成本。研读经济学数十年，没见哪家经济学讲，低成本商品只能卖低价。日常生活里，低成本高售价的例子多得是。我曾参观一家成衣厂，原来一件衬衣不过百元，后与港商合资，打上“金利来”商标，价格陡涨至五百多元。是成本增了五倍吗？非也。“文革”时期的邮票，当年八分钱一枚，今天卖一百元，成本未变价格却涨了一千多倍。

当然，按成本加成定价是有的。不过得有个前提，那就是商品短缺，供不应求。经济学说，市价要由供求双方定。但若从卖方看，定价必会考虑成本，蚀本的事没人肯做。问题是厂商按成本加成定价，若消费者不买，有行无市，价格也就形同虚设。反过来，假若商品奇缺，求者若骛，明知有人出高价，厂商也绝不会拘于成本，有钱不赚，天下没有这样蠢的商家。

我推测，要求公布开发商成本的用意，无非是说当下房产价格相对它的成本过高了，政府应该反暴利。我要问的是，专家学者中有谁说得清楚，价格高出成本多少算暴利？是40%，还是60%？若把利润超出成本60%视为暴利，那么要反的，恐怕就不只房地产一家。高科技如生物制药，传统产业如餐饮，高出这个比例的应该不少，难道要一竿子打翻一船人？再说，若不允许企业以小搏大，那么科技创新动力从何而来？人们哪会去改进技术、提高效率呢？

举个例子，有甲乙两个木匠，甲手艺差些，做个书柜需两天，而乙手艺精湛，只需一天。若劳动力的日成本100元，每个书柜木料成本100元，那么同样做一个书柜，甲的成本300元，乙的成本200元。再假定书柜市价是400元，那么甲的利润率33%，乙的利润率100%。请问在此情形下，政府是否应反乙的暴利？若是反，乙必会放慢进度，做一个书柜也花两天。这对社会来说，无疑是效率的损失。

再一个理由，我不赞成反暴利，担心这样做会滋生腐败。说过了，由于“暴利”无从界定，这样“反暴利”就难免成为当权者创租的借口。要害在于，是不是暴利，法律没标准，最终得由监管部门说了算，他们一言九鼎，说你是就是，说你不是就不是。如此，企业若不想挨宰就得破财免灾，去给主事的官员行贿。不是吗？早在二十多年前，政府就管过价格，也反过暴利，结果怎样？腐败丛生，一塌糊涂。有前车之鉴，今天怎可重蹈覆辙！

对居高不下的房价，我的看法，症结不在暴利而在供求。供求原理说，供不应求价涨，供过于求价跌。中国房价一路走高，原因纵有千条万条，而最根本的一定是房屋供给不足。假如房屋市场有求必应，房价怎会涨上去？想想吧，电冰箱的价为何不涨？电视机的价为何也不涨？答案只有一个，就是这些产品供应充足。记得当年广本轿车新上市，也曾一度炙手可热、价外加费，可后来随着生产量逐年增加，价格还是降下来了。

是的，供应充足的商品，价格不可能持续上涨。可有统计数字说，国内房市目前空置率达26%，积压面积过亿，这说明房屋并不短缺。既如此，房价怎会只涨不跌呢？乍一看，高空置与高房价并存，是奇怪现象。不过做点调查，其中的原因也不难明白。由于政府控制建房用地，开发商为了赚钱，一窝蜂地建高端住宅。结果，高端房老百姓买不起，而买得起的又没的卖，所以整体上，国内房市还是供不应求。

要追问的是，高端房过剩，为何价格也不降？细说原因，笔者认为有三：一是普通住房短缺。因为中低档房供不应求，需求则拉动房价上涨，于是高端房也就水涨船高。二是消费者买涨不买跌。开发商清楚，若让房价下跌，消费者必会持币观望，这对原本过剩的高端房，是雪上加霜，所以开发商宁愿空置，也不肯降价。三是人们对买房有乐观预期。几乎普遍认为，房产将来会增值。既然收益看涨，房价被高估也就在情理之中。

由此看，要让过高的房价降下来，有两件事需政府做。首先，应鼓励开发商多建普通住宅。不久前，国务院出台规定，明令限制了户型面积。思路对，但行政手段不可取。可取的办法是按建筑面积征累进税。其次，责令国有各商业银行，必须在限期内收回开发商的逾期贷款，而且新到期的贷款，不再展期。只要此举一出，开发商必会降价售楼，整顿房价，立竿见影。

至于房产的收入预期，是个复杂问题。手里没有水晶球，买房能否增值，不好说，也说不准。但有一点可肯定，天下无包赚不赔的买卖。20 世纪 80 年代，日本房地产泡沫破灭是教训。十多年前，国内房价跌得惨也是明证。我不信房产一定增值的神话，尤其考虑将来人口减少、老龄化社会，预期房产增值凶多吉少。是个人看法，不同意的朋友，尽可去与市场赌一把。

房产升值不是铁律

以经济学为职业，总有朋友与我讨论经济。近来被问得最多的是房产将来到底能否升值。经济学不是抽签卜卦，推定未来需要约束。约束条件拿不准，推理会谬误百出。自知错的风险大，然思之再三，还是说点看法。作不得准，我姑妄言之，读者姑且听之吧。

几星期前，谢国忠先生语出惊人，说中国房地产价格今年开始调整，两年内跌至谷底。从报上看到这个消息，是新闻稿，对谢先生下此判断的根据，记者语焉不详。不过看来头，谢先生担任过前摩根斯丹利亚太区首席经济学家，应该不是信口开河。我也相信中国房产价格会下落，但却不像他那样悲观。由于找不到谢先生的大作，甄别对错无从下手，先存之不论，两年后自见分晓。

另一种观点，是对谢先生的回应。渣打银行直接投资公司董事、总经理陈凡认为，由于土地资源稀缺，中国正加快城镇化进程，而 GDP 保持快速增长，中产阶层可支配收入远超 GDP 增速，房屋需求会大增，故房价上涨理所当然。据说陈先生刚投资了房地产，此番高论，料定也是言出由衷，而且代表了公司高层意见，不然，董事会是不会同意他拿股东的钱去投资的。

与“谢”、“陈”素昧平生，两位对房价判断大相径庭，背后是否有别的原因，旁人不得而知。与本文无关，不必猜，也猜不着。言归正传，还是转说我自己的观点。我的看法，短期内，比如 2 ~ 3 年，中国房价未必会跌，但长期看，房价则必跌无疑。得出这个推断，是基于我对国内房市的供求分析。

曾撰文说过，今天中国的房市，整体是供不应求。尽管高端住宅空置多，但中低端房供应少，而国内的购房需求，大多是中低端。这一点，政府显然看得明白，去年国务院出台政策，明令限制了户型面积，用的虽是行政手段，但可增加中低端房供应，效果好，功可抵过。困难在于，建房不是搭积木，征地盖楼，没有几年工夫，供求格局变不了，所以我断定，房价上涨趋势，近期内不容易掉头。

房价短期看涨，长期为何看跌？问题复杂，要重点解释。先指出，我说的“长期”，是指十年以上。经济学分析价格，分析来分析去总离不开供求。若假定房屋供应不变，那么推断十年后房价下跌，那必定是房屋的需求下降。可从三方面看，让我分点说。

首先，十年后人口会减少。据专家分析，中国人均寿命 72 岁，那么到 2015 年，每年自然死亡 2600 万人，新出生人口 1600 万人，每年净减少 1000 万人。当然，人口不是决定房屋需求的唯一因素，但一定是重要因素。居者有其屋，人之常理，就是再穷，也得攒钱买房。人口减少，房屋需求会下降，是简单的推理，此点不应有争议。

其次，人口老龄化。有资料表明，从1950年至1980年，平均每年出生人口2600万，按男女平均58岁退休，那么从2008年起，每年将有2600万人退出劳动行列。十年后，退休人数将超出两亿。由此看，在职劳动力的社会负担将来不会轻，而老人为安度晚年，断然不会把积蓄用于买房。相反，不少老人退休后，还会将原来的大房换成小居，北京当下已有苗头，西方国家亦屡见不鲜，倘如此，房屋需求也会降低。

再次，城镇化加快。中国要提高农民收入，必减少农业人口，鼓励农民进城。那么，农民进城是否会拉动房屋需求？答案肯定，但往深处想，也需做具体分析。俗话说，安居乐业。农民进到城市自然要有落脚的地方。但问题是，将来农民进城，目标是大城市还是小城镇？大城市人满为患，而且中央已言明，城镇化要以县城为依托。因此，农民进城拉动的只是中小城镇的房屋需求，对大城市影响微不足道。还有，现在发达国家，有钱人大多不住城内，若中国也有那一天，城市房屋需求会大减。

回头再说供给。我估计，十年之内，中国的房屋供应仍稳中有升。前年的统计数字，说全国共有房地产企业32618家，只要这些企业不歇业，每年造出的房子，数目仍相当可观。虽然政府控制建设用地，多少会抑制房屋供给，但开发商要赚钱，不会坐以待毙，容易想到的，开发商至少可以加多楼层。目前地价约占房价的25%～30%，若容积率提高，地价比重下降，这样算总账，未必会加大开发成本、减少房屋供应。

综合起来，若供应不减，十年后需求下降，房产价格会怎样变？无需我说，读者自有答案。房价持续上涨是神话，我历来不信。既然房屋是商品，价格变动怎能不受供求约束？看看今天的日本，房价比二十年前要低得多；香港的房价，也明显低于十年前。“房产升值”不是铁律，哪位朋友若买房是为升值，我劝你还是三思为妙。否则，等将来蚀了本后悔，上帝也帮不了你。

房价的三个火枪手

连写了两篇文章，对国内房价走势直陈己见。我的推断，房价两年内未必会跌，但十年之后必跌。文章见报后，读者回声四起，褒贬不一。批评的意见，认为房价十年后才跌太遥远，说了等于没说，是废话。我明白读者失望的原因，急着要买房，谁会有耐心等上十年呢?

也有细心的读者问：房价两年内不跌，十年后必跌，那么今后3～9年跌不跌？是好问题，值得答。不过，回答此问题，还得回到对十年后房价的判断上去。先说我的答案，十年后的房价，若人们普遍看跌，那么今天房价马上就会跌；反之，要是多数人看涨，房价就不容易降。换句话说，当下房价走势，一定程度上取决于人们对未来房价的预期。

这是资产定价方面的学问，容我向读者解释。

人们购买房产，动机不外有二：一是为了自住，二是为了投资赚钱。作为自住消费，房价当然要由供求定，说过多次，不再重复。而用于投资的房产，价格则由房产的未来收益定，这不是我的发现，而是美国经济学家费雪的观点。

1930年，费雪出版《利息理论》，其中一个重要论点是说资产价格等于该资产预期收益的贴现。比如，一棵苹果树值多少钱？费雪说，这与当初种植苹果树的成本无关，而是看苹果树将来能给买主带来多大收益。假定每年提供收益100元，贴现率（银行利率）5%，那么苹果树的价格是2000元，若每年提供的收益仅10元，则苹果树的价格就只值200元。

何以如此？让我再举个例子。假定你有2000元，银行年利率5%，那么存银行每年收益100元。现在再假定，有人想卖苹果树给你，价格2000元，而预期的年收益是80元，你会买苹果树吗？当然不会。除非苹果树降到1600元，否则，你绝不会接受。因为苹果树80元的年收益，只相当1600元的存款利息。

理解了这一点，联系到房产，应该不难明白将来房价对今天房价的影响。说十年后房价必跌，那是说十年后房产收益会降，作为投资者，低买高卖才能有赚，明知日后房价会跌，怎会花高价买进呢？所以我判断，今天投资房产的势头不减，价格攀升，一个重要原因是人们对将来的房价有乐观的预期。

是的，今天房价上涨，是因为人们对未来的房价看涨。要追问的是，若人们长期看跌，房价会立马下降吗？理论上说是如此。不过考虑目前房市的供求，我认为近两年房价不会降。住房是基本必需品，经济学说，必需品需求弹性小，房价长期看跌只会抑制炒房，但不能减少消费，不论房价十年后怎样跌，那些今天无处安身的人，怎会流落街头，等十年后再买房呢？

还不止如此。另有三个利益当事人，会千方百计阻挡房价下降。首当其冲的是房地产企业。作为开发商，投资赚钱天经地义，为争取最大化的利润，当然不希望房价下跌。通常的情形，他们会利用媒体大造舆论，说房产将大幅升值，以误导人们追涨。看看报纸与互联网，那些成天嚷嚷房价要涨的人，其实大多都是开发商。再比如，那些积压已久的楼盘，开发商为何不降价？说到底，是担心消费者形成降价预期。

第二个当事人是银行。城门失火，殃及池鱼。银行与开发商，是一根绳上的两只蚂蚱，房价下跌，直接受损的是开发商，但银行也脱不开干系。说大数，银行给开发商的贷款达三万亿元，如果开发商不赚钱，银行收贷将遥遥无期。更可怕的是，若房价大跌，开发商破产，银行必受到牵连，即便能拿回些质押房产，但房价下落，银行肯定得不抵失。

第三个当事人是地方政府。不管怎么说，房地产已成为地方经济的支柱。发展房产业，不仅能拉动 GDP 增长，而且财政进账也快。明显的收入，房价高，土地出让金也高，税收也多。由此看，房价上涨，地方政府是最大的受益者。出于自身利益的考虑，地方政府也不希望房价下跌。

不要小视这三方的能量。虽说房价下跌的长期趋势不可逆转，但有他们的抵制，房价回落的时间会推迟。问题的重点，还在中央政府的决心。依我看，以上三个当事人中，银行是关键。牵一发而动全身，只要央行责令各商业银行收回房地产逾期贷款，开发商就无力恋战，地方政府想扶盘也鞭长莫及。毕竟经济规律不可战胜，与市场死扛，终归不是办法。

再说一遍，中期房价走向，受制于两大因素：一是社会对长期房价的预期，一是央行的态度。对长期房价的预期，没有调查，到底多少人看跌，我拿不准，而央行是否会下令收贷，眼下还没有迹象。不懂看风水，三年后房价是涨是跌，只有天知道，我不敢说。

补砖头不如补人头

弗里德曼年前逝世，痛失大师，学界悼文无数。读过一些文章，大多是纪念弗老对货币理论的贡献，而对他补贴穷人要讲效率的观点，却少有提及。近几年，有学者撰文，试图把弗老的“教育券”引入国内，可惜曲高和寡，应者寥寥。也难怪，当年在美国，教育券也只是纸上谈兵，不曾引起过政府的重视。

本文讨论房补，重点不在该不该补。居者有其屋，政府给穷人住房补贴，责无旁贷，没有理由反对。问题是政府要实施房补，怎样做才能雪中送炭，少花钱多办事，把好事办好。

解决住房问题，当下政府的思路，一是由市场提供商品房，二是由政府补贴开发商建经济适用房或廉租房。顾名思义，市场提供的商品房，要随行就市，受供求左右，房价近年节节攀升，穷人收入低，买不起，于是怨声载道，矛头直指开发商。而政府资助的经济适用房，由于僧多粥少，买到房的拍手称快，买不到的则扼腕叹息，得失不均，政府补贴的公平性大打折扣。

最近，人们对华远集团总裁任志强先生批评多，原因是他宣称“只为富人建房”。此话虽不中听，容易招人反感，但想深一层，他说的其实没有错。作为开发商，追求最大化利润天经地义，市场有怎样的需求，就得建怎样的房子。而现实情况是，钱在富人口袋里，要想从富人那里赚钱，建房不迎合富人的需求怎么行？与任先生没见过面，不相信他铁石心肠，会对穷人漠不关心。可他是个商人，在商言商，按市场法则做事，无可厚非！

任先生的麻烦，在学界对他的批评是以公平的名义。如此一来，批评者博得了掌声，而任先生注定要四面楚歌。但我不明白，公平怎会成为企业的事呢？经济学说，企业求效率，政府求公平，各司其职，两者可并行不悖。个中道理不必多说，只有企业多赢利，政府才能多收税，财政有了钱，才可转过来关照穷人。由此看，应该鼓励企业追求效率才对，怎可反而大加鞭挞呢？真不知有些学者是不懂经济，还是故意装糊涂，另有用心。

是的，开发商是没有义务照顾穷人的。但这绝不是说，穷人住房就不应得到关照，是两回事，不可混为一谈。我的观点，扶贫助弱，是政府的责任，应由政府去承担。事实上，这些年政府为补贴穷人住房，也做过不少事，经济适用房是明显的例子，政府招商引资、批地拿钱，不遗余力。遗憾的是由于补贴方法不对，政府钱花了不少，好事却没办好，到头来，老百姓意见一大堆。

做过一些调查，人们对经济适用房的不满，主要在四方面。

其一，政府补贴开发商建经济适用房，由于限制了卖价，开发商要赚钱，必会千方百计压低成本。所以建材以次充好，工程偷工减料，司空见惯。结果，消费者花尽毕生积蓄，买的却是豆腐渣房屋，叫老百姓怎能不寒心？房子是政府资助建的，开发商也是政府选的，房子质量有纰漏，老百姓不怨政府怨谁？可站在政府角度看，好心没好报，也是哑巴吃黄连——有苦说不出。

其二，由于经济适用房有政府补贴，卖价低于市价，摆明的好处，自然求者盈门。这样带出的问题是，由于供少求多，经济适用房先卖给谁？政府虽可设门槛，但要做得公平不容易。比如那些腰缠万贯的富人，为了买到经济适用房，会大肆行贿主事的官员，或是弄虚作假，隐瞒收入。外地情况不敢说，北京天通苑的经济适用房，居住在那里的到底有多少是真正的低收入者？一看便知。

其三，退一步说，即使经济适用房能保证穷人入住，但设想一下，一个城市，若泾渭分明地把穷人与富人分隔开，会是怎样的局面？至少有一点，贫困家庭孩子的心理健康要受影响。有先例，西方国家城市搞过穷人区，结果呢？贫富更加对立，社会矛盾更加激化，是前车之鉴，不应重蹈覆辙。

其四，建经济适用房是由政府划定区域，不论你何处上班，也不论子女何处上学，要购经济适用房，就得搬进指定地点，舍此别无选择。这不仅给居民生活造成不便，对原本紧张的城市交通，也是雪上加霜。

早有消息说，政府要对经济适用房进行改革，但至今不见方案出台。想必是举棋不定，需要时间斟酌。我个人的看法，对穷人的房补，可以参考弗里德曼的“教育券方案”。弗老说，政府与其投资办公立学校为穷人提供免费教育，不如直接给穷人发放“教育券”，让他们自己去选择学校，学校招进学生后，即可用收取的教育券向政府兑换等额资金。如此一改，学校间必起竞争。为争取生源，势必改进服务，为学生提供更好的教育。

想不到，弗老的奇思妙想，在美国居然会受冷落，中国教育当局，也熟视无睹。有趣的是墙内开花墙外香。山东莱芜的房补，却大胆引入了这个思路。从去年 6 月起，莱芜市不再建经济适用房，把“补砖头”改为“补人头”，说明白点，就是把过去补贴开发商建房的资金，作为“购房券”补给低收入者。至于低收入者拿这笔“钱”买房还是租房，何处买房或何处租房，一切悉听尊便，政府不过问。

年初赴莱芜考察，见过那里的官员，也访问了贫困户，不论是官是民，大家对政府的房补新思路，无不交口称赞。没错，把选择权交给消费者，由市场定房价，不仅可降低行政成本、杜绝腐败，而且可扩大补贴面。神来之举，群众当然要叫好。听说，国家有关部委对莱芜的做法有肯定表态，机不可失，愿当地领导多听意见，再作完善，为全国的房补趟出一条新路来。

和谐万事兴

3

推进公平三策

构建和谐社会，人心所向。最起码，社会和谐，不论富人穷人，对未来都有乐观预期，是双赢。和谐社会涉及面广，民主政治、道德法治、公平正义、人口经济、资源环境等，不一而足。不过单从经济看，最要紧的是公平。一个公平长久失衡的社会，是难有和谐可言的。

政府关注公平，理由很多。拣重要的说，一是社会稳定，二是福利最大化，三是扩大内需。

先说稳定，经济学讲，政府最大化的目标是稳定。邓小平生前也多次告诫全党：稳定压倒一切。中国改革近三十年，成就举世罕见，但公平失衡却是美中不足之处。尽管当下尚无两极分化，但行业、地区、城乡间收入悬殊，则是铁打的事实。端起碗来吃肉，放下筷子骂娘，表明人们对分配不公不满。若听任事态发展，迟早会动摇稳定的根基。因此，消除不公平，政府责无旁贷。

第二个理由，福利最大化。中央提出要建设全面小康，要惠及十几亿人口，言下之意，就是让众人共享发展成果。是的，政府通过再分配，调节收入差距，不仅有利于稳定，也能改进社会福利。马歇尔举过一个例子，下雨天，富人通常会花一英镑坐电车上班，而穷人不会，穷人会打着雨伞步行，把钱省下来买面包。前者为舒适，后者为生存，所以一英镑的效用，穷人富人不一样。若如此，政府征富人的税补贴穷人，整个社会福利就会提升。

第三个理由，扩大内需。年初，温家宝总理在中央党校发表讲话，说中国经济要持续稳定增长，必须坚持扩大内需，而且重点是启动消费。我赞成温总理的观点，但问题是要启动消费，必须增加低收入者的收入。凯恩斯曾发现，随着人们收入的增长，消费倾向即消费在收入中的比重会下降。比如，那些年薪数十万的高收入者，有房有车，锦衣玉食，新增收入会大量转为储蓄；而低收入者不同，等米下锅，捉襟见肘，增加收入必定用于消费。

可见，公平关乎社稷，非同小可，不能等闲视之。但问题是，我们该如何求公平呢？近来参加几个座谈会，感觉有个误会要澄清。有人认为，当前分配不公，是由于以往太重效率所致，故而主张矫枉过正，用效率换公平。我不赞成这种观点。我的看法，效率与公平，原本不在一个层面。所谓效率优先，注重公平，指的是初次分配求效率，再次分配求公平；企业求效率，政府求公平。这样看，效率与公平并不矛盾，两者并行不悖，我们也不必顾此失彼。

其实，当下收入分配不公，责任并不在“效率”而在政府。比如行业间的收入悬殊，那是行政垄断造成的，设想一下，如果电信、银行、保险业允许竞争，他们的收入会居高不下吗？再看城乡收入差距，一方面，政府过去用价格剪刀差，让农业为工业积累资金；另一方面，财政将大把的钱投向城市，很少顾及农村。城里人看病养老政府出钱，而农民却要自己掏腰包。还有，就是非法收入，这一块老百姓意见最大，所谓权钱交易、制假贩假、偷税漏税，哪一项不与政府监督不力有关呢？

由此看，保障公平的责任在政府，维护公平的主体也是政府。说具体点，政府求公平，至少有三件事要做。首先，要调节垄断行业的过高收入。不是说，垄断企业就不能有高收入，而是收入一定要与贡献挂钩。目前垄断企业利润高，并不全是经营者的功劳，某人在政府做司长，年收入三万多元，一旦派到企业做老总，摇身一变，年收入就是上百万元，你说合理吗？再说谁当老总，并非竞争所定，而是政府指派，如此坐享其成，旁人怎会心服口服？化解的办法是把非经营性盈利撇开，管理者的收入只与经营性赢利挂钩。

政府要做的第二件事，就是重新定位财政职能。经济学说，市场经济的财政是公共财政。既然是公共财政，那么就得专事公共服务，不仅要惠及城市，而且要覆盖农村；不仅要支持东部，而且要照顾西部。过去几十年，财政对公共服务投入少，欠账多，追问原因，都说是政府没钱。若想深一层，这哪里是钱的问题，真实的原因是政府越位，花了不该花的钱。比如一般竞争性行业，政府原本不必介入，可大量资金却投进了这些行业。而那些需要政府办的项目，如义务教育、社会保障、扶弱助贫等，反而因缺钱而力不从心。因此，为确保有财力照顾公平，国家应立法规定财政资金的用途，硬性划定用于农村以及扶贫的比例。

政府要做的第三件事，是取缔非法收入。对制假贩假、偷税漏税等不法行为，政府应严加监管，重拳打击。而对官员以权谋私的行为，一方面要严肃查处，而更重要的是要规范与减少行政审批。权钱交易由来已久，中央三令五申为何屡禁不止？有哲人说，反复出现的问题，要从制度上找原因。的确，权钱交易五花八门，但追到底，大多都与行政审批有关。审批制不改，腐败难除。所幸政府已承诺将审批改为备案，现在要紧的是如何落到实处。

最后再强调一点，政府注重公平，绝不是搞平均主义。计划经济离我们并不遥远，三十年前，我们搞的就是大锅饭，虽然收入较平均，但那是贫穷的公平。邓小平讲，贫穷不是社会主义。中国有句俗语，财大气粗。不错，社会主义要有说服力，就必须发展生产力。政府当初决意改革，打破大锅饭，也就是为了适当拉开差距，调动人们劳动的积极性。如今回头看，中国经济一路高歌猛进，分配改革不记头功，也算是立下过汗马功劳吧！

幸福的参照

小时候读“三字经”，倒背如流。对开篇所讲的“人之初，性本善”没有怀疑过。后来进大学读经济，知道亚当·斯密说人性自私则大惑不解。问过教授，教授说，要推断人的经济行为，就应做如此假设。

“性善”到底是否为人类与生俱来，非本文重点，不讨论。人到中年，经历的事多，见过光明磊落的君子，也遇过心底阴暗的小人。但不论哪一类，我个人的看法，多数人都有同情心。古代劫富济贫的绿林好汉，现代乐善好施的富少阔佬，不是说他们都有高尚的情操，但用同情心解释其善举，不会错到哪里去。

是的，同情是人的天性。敢打赌，假如有人撰文，大声疾呼政府增加社会福利，不管用何理由，也不管说得是否在理，拍手叫好的一定多；相反，若有人不识时务，指出其逻辑纰漏，就算说得对，那也会千夫所指。现成的例子，当年撒切尔夫人为医治英国“福利病”，曾有意削减福利，结果触犯众怒，连她的母校牛津大学，硬是不肯授她荣誉博士学位。

所以我担心，今天我们讨论扶贫，会不会一样缺乏理性。扶贫我当然赞成，也写过文章。但以国家现有的财力，究竟怎样做才能既帮助穷人，又促进社会和谐、进步。遗憾的是当下学界关注的重心，似乎只在收入差距方面。参加了几次学术沙龙，听学者谈“差距”，大开眼界，没想到有人根据中国的基尼系数得出“两极分化”的结论。

相信这些学者的善意，也不否认他们的责任感。但我不明白，过度地张扬“差距”，对社会和谐的好处在哪里。中央提出“注重公平”，无论如何，是要提升国民的幸福，促进社会和谐，而不是搞贫富对立。何况经济学说得清楚，幸福虽与收入有关，但不完全是一回事，诺贝尔奖得主卡尼曼教授做过调查，美国人的收入与五十年前比多了三倍，但今天美国人的幸福程度却并不见得比战前高。

其实，幸福作为一种感受，不仅决定于收入，也来自人们比较的参照。说我个人的经验，早年在乡下种地，面土背天，煞是辛苦，但那时只要能吃饱肚子，就会觉得幸福。为何？因为经常忍饥挨饿，对比的是穷日子。改革开放后，人们丰衣足食，不承想，不满足的人反而多了，端起碗来吃肉，放下筷子骂娘。何故？是比较的参照变了。我现在当教授，月入数千，比之从前心满意足；但若硬要我去跟那些日进斗金的明星大腕比，岂不郁闷得要跳楼？

幸福来自比较的参照，读者应该有类似的经历。比如你去一家小店就餐，一杯清茶收你三十元，也许你会不乐意；但当你到五星酒店，同样一杯清茶收三十元，你为何可以接受呢？原因是你觉得五星酒店的环境与服务好，物有所值。但只要你这么看，就有了固定的参照，而且一旦形成，则会影响到你日后的幸福感受。曾读过奚恺元先生的大作，题目记不准了，但他介绍芝加哥大学塞勒教授的一项实验，印象深，恕我借用一下。

塞勒教授设计了一个场景，一帮躺在海滩上的朋友想喝啤酒，刚好切尼要去附近的杂货店办事，于是说，他可以为大家去买啤酒，但不知多少钱一瓶可接受？经过合计，大家最后出价1.5元。切尼又问，如果杂货店不卖，而去旁边的酒店买，各位肯出多少钱？又一番合计，出价竟是2.65元。想问读者，啤酒是标准品，从不同的地方买同样的啤酒，出价为何会有差异？答案是，人们对比的参照不同。

跟下来的试验，是切尼以两元的价格买回了啤酒。起初他告诉朋友，说啤酒是从酒店买来的，大家听了很高兴，比预期的价格低，认为得了便宜，于是开怀畅饮；可没等大家喝完，切尼又道出真相，说啤酒是买自杂货店，结果大家垂头丧气，一个个都觉得吃亏。有趣吧，同样的啤酒，同样的花费，只要说不是买自酒店，人们的幸福感陡然消失。

这让我想起“忆苦思甜”的例子。今天的年轻人不知，在我的中学时代，学校常有忆苦会。主讲人都是旧中国的穷人，苦大仇深，听他们讲日本人在中国如何烧杀抢夺，国民党如何横征暴敛，地主老财如何欺压百姓，辛酸的故事，曾令我泪流不止。如今回顾当年的忆苦会，自觉受益良多。至少，在当时缺吃少穿的年代，感觉自己是幸福的。

今非昔比，社会在进步，当然不能教人安于贫困。写这篇文章，也无意为政府开脱。相反我的观点，扶贫助弱政府责无旁贷，理当竭尽全力。但困难的是政府不会点石成金，财力所限，脱困得有先后，不能毕其功于一役。既如此，对暂时不能脱困的低收入者，学界应引导人们正视现实，而不是过度渲染“差距”，助长不满。那样除了博得掌声，对社会和谐有害无益。

空谈误国。真正关心穷人的学者，献爱心最好拿出点行动来。

政府不必补贴富人

看题目，读者多数会同意我的吧？本人虽不是富人，但也不穷，不会有嫉富之嫌。写这篇文章，只是为给政府提个醒。按理说，富人有房、有车、有存款，衣食无忧，应多多接济穷人才是。可生活中偏偏有些怪事，穷人收入低，经济拮据，而当下某些政策却反而补贴富人，甚至某些时候，还会让穷人去补贴富人。

并非危言耸听。留心观察，身边政府（或穷人）补贴富人的例子不少见。我相信，抽瘦补肥不是政府初衷，但政策实施的结果却如是。空口无凭，且让我说几点个人的观察。为避免偏见，尽量就事论事，必要时有评点，但也力求公正客观。另外有个不情之请，读者不论是否赞同，请少安勿躁，多点耐心，等读完全文再作评论。

第一个例子，是肉禽价格。几乎一致的看法，此番物价上涨是由肉禽价格带动的。进一步的原因，是前年饲料涨价，农民养猪赔了钱，去年养猪少了，市场供不应求，所以价格要上涨。肉禽价格居高不下，经济学说，应对办法是鼓励农民多养猪，增加供给。可想不到，政府却出招平抑价格。肉价受打压，农民心有余悸，不敢放手养猪，供求缺口补不上，肉价当然会持续上涨。

政府打压肉价，扬汤止沸，不仅价格下不来，反而压制了农民增收。想深一层，若政府不管价格，农民养猪能多赚钱，猪养多了，市场供应充足，价格自会回落。困难在于，价格短期下不来，城里有人吃不起肉，政府总不能袖手旁观。怎么办？见效快的办法是平抑价格。但政府这样做，无疑是让农民为城里人提供补贴。殊不知，城里吃不起肉的是少数，政府直接补贴那些低收入者即可。而那些高收入者，日进斗金，肉价高低无所谓。可管制价格，不论收入高低，皆买廉价肉，这不是让农民补贴富人是什么？

第二个例子，是大学收费。很多人以为，大学低收费对穷人有利，其实这个看法是错的。早几年，国内就有学者呼吁提高大学收费标准，结果千夫所指，引来一片责骂。我的观点，现行大学的低收费，不仅只是照顾穷人，同时也照顾了富人，是让富人搭了穷人的便车。说严重点，是富人挤占了穷人的福利，才令一部分穷人的孩子上不了大学。

看看人家国外，大学通常分私立与公立。私立大学高收费，富人有钱可送孩子上私立，穷人孩子若成绩好，也可考奖学金上私立；而公立大学，则学费全免，穷人个个上得起。反观我们的高校，名义上是公立，但公立却要收费。所以如此，是因为公立大学多，财政养不起，故穷人上公立也得交钱。这几年，媒体时有报道，穷人的孩子考上了大学，却因交不起学费望而却步。与其这样，还不如分而治之，把清华、北大等一批名牌大学推向市场，许其高收费；而政府集中财力办公立，学费分文不取，岂不是对穷人更有利？

第三个例子，是居民住宅。近年来国内房价急升，老百姓意见大，是事实。俗语说，安居乐业，天下和谐。可人们买不起房，居无定所，怎会不怨天尤人？面对过高的房价，现在的问题就看政府如何处理。我的看法是用行政办法限房价。不要说做不到，即便能做到，也未必能让穷人得益。道理简单，房价越低，升值空间越大，买房的需求就越高。富人比穷人钱多，手段也多，只要房价低于市价，必会大手购房，囤积居奇，以待日后转手赢利。

这方面，经济适用房是明证。政府补贴开发商建经济适用房，目的是为照顾穷人买房，可结果呢？能买到经济适用房的多是富人，而非穷人。别处我不知，看一看北京天通苑，在那里落户的有多少是穷人？明眼人早知，在那里买房的不少是大腕明星、豪商富贾和政府官员。这种补贴富人的结果，当初政府怕是始料不及。其实，照顾穷人住房，大可不必建经济适用房，补砖头不如补人头，给穷人发购房券，一竿子插到底，才能让穷人得到真正的实惠。

第四个例子，是汽油供应。中国人口多，资源匮乏，能耗高，污染重，所以中央要求科学发展，节能减排，此乃国情所定，我们别无选择。但要研究的是，政府如何推动节能呢？以节油为例，有两个办法：一是用行政措施管制价格，限制油供；

一是放开价格，用价格调节供求。从经济学角度看，第二个办法可取，既能减少交易费用，又能令稀缺资源实行高效配置。

让人费解的是，政府一面要求节油，但同时又不肯放开价格。何以如此？我猜测，政府是担心油价放开，有私家车的人会因加不起油而怨声载道。麻烦也在于此，价格不放开，大家都加得起油，可汽油短缺怎么解决？事实上，眼下国内有私家车的都是高中收入者，限制油价，说白了也是在补贴富人。富人不仅享用了廉价汽油，而且造成的污染还得穷人与他一起埋单。

不用再举例，以上足以表明，补贴富人虽非政府本意，但政府管制价格，结果却让富人受益。我们既然要搞市场经济，价格是市场信号，高低就只能由市场供求定，哪怕是照顾穷人，政府也不必管制价格。经验说，政府管制价格，效果则不如直接给穷人补贴。补贴穷人可点对点，是雪中送炭，且富人搭不了便车。而价格放开，又能节约资源使用。一箭双雕，政府何乐而不为呢？

国民收入应向个人倾斜

最近物价问题颇受关注，有人大声疾呼政府应出手打压价格。是通胀指数过高吗？从官方公布的数据看，不见得。今年GDP增长11%，财政收入增长30%，而物价月均上涨4%多一点。经济学说，只要通胀率低于GDP增长，就不算高通胀，可人们为何对当下的物价反应如此强烈呢？是奇怪的现象，背后必有原因。

发改委官员说，今年物价上涨是由肉禽价格带动的，不是全面通胀。问过不少朋友，工薪阶层大多对物价上涨意见大；而那些商界老板却不以为然，他们表示，十多元一斤的猪肉可承受，无所谓。其实也难怪，老板们财大气粗，肉禽涨价对他们微不足道；而工薪阶层月收入一千多元，赡养父母、抚养孩子、油盐酱醋，处处得花钱。入不敷出，对物价上涨当然心存不满。

不过想深一层，工薪阶层对物价不满，不一定就是物价高。不否认，物价上涨是因素之一，但换个角度看，也可能是收入增长慢。有数据说，9月份消费品价格最高涨幅达6.3%，而低收入群体收入增长5%，收入增长赶不上物价增长，实际生活水平下降，于是人们把怨气撒在物价上，情理所致，不足为怪。

显然，我们面临两个选择：一是政府出面平抑价格，一是增加城镇居民收入。短期看，平抑物价效果好、立竿见影，而弊端是会掩盖供求矛盾，加剧通胀压力。说过了，此次物价上涨是由肉禽短缺引起的，那么政府管制了价格，但短缺的局面变不了，若如此，物价上涨还是迟早的事。长痛不如短痛，与其现在控价，倒不如放开价格，鼓励农民多养猪，价格交给市场去调节。

另有一个因素要考虑：扩大内需。当下政府扩大内需，重点是刺激消费。经济学讲，消费者有一种购买心理，买涨不买跌。预期商品涨价就抢购，降价就观望。这方面我们曾有教训，前些年通货紧缩、物价负增长，结果消费者持币待购，令原本疲软的市场雪上加霜。不错，高通胀固然有害，但适度的通胀未必不好，至少，对刺激消费有作用，无须一概排斥。

肉禽价格放开，可拉动消费，农民可增收，问题是城镇低收入者怎么办？他们实际生活水平下降怎么解决？应对的办法，当然是增加他们的收入。其实，要提高低收入者的收入，中央已强调多次。当下应考虑的是，究竟用什么办法增加他们的收入？提高最低工资标准是一法，但利弊参半，有可能导致更多的人失业，曾撰文分析过，这里不再说。

值得说的是，最近十七大报告提出的“要建立企业职工工资正常增长的机制”。何谓工资正常增长机制？依我看，应包括两层意思：一是要让职工分享经济发展的成果，就是说，工资增长应与企业收入增长大致同步；二是要建立规避通胀损失的机制。比如将工资钩住通胀指数，物价涨，工资也跟着涨。只要做到这两条，双管齐下，职工收入则可稳步提高。

可有人担心，工资增长会加大生产成本，削弱企业竞争力或进一步推动通胀。说削弱企业竞争力是对的，但担心推动通胀纯属杞人忧天。有目共睹，当前中国经济面临的主要问题是生产过剩、内需不足，试问，过剩的商品涨价能卖得出去吗？假如现在电视机涨价，你不会去买吧？你天才，别人也不蠢，消费者不接受，厂家一相情愿，价格自然不会连锁上涨。

难题在于，成本上升而价格不涨，企业利润受挤压，这样不仅会挫伤投资者的热情，更严重的是那些微利企业，可能会因此陷入绝境。企业倒闭，工人下岗，最后还得政府兜着，背着抱着一样沉，所以政府不能见死不救。问题是政府如何去救，目前学界的讨论，似乎总在工资与利润的分配比例上争论，其实，初次分配中还有一块，即税收。忽视了这一块，我们怕是难以找到答案。

我的观点，职工要加薪，企业要赢利，两全之策是政府要适度减税。收入是个定数，此消彼长，政府若不让利，相持不下，这盘棋必成僵局。十多年前，政府提出要提高财政收入占GDP的比重，历史地看，事出有因，没有错。可没想到后来没及时刹车，财政收入每年以高于GDP两倍、甚至三倍的速度增长。竭泽而渔，不仅挤占了企业利润，也挤占了工资。现在政府减税，矫枉过正，应当说这是对企业与职工的还账。

是的，收入关乎民生，政府减税势在必行。但要研究的是，减税会使政府收入减少怎么办？我个人的看法，关键在转变政府职能。现在大家都埋怨，政府管的事太多，如果财政的钱少了，便可逼着政府收手，不管或少管那些不该管的事。市场经济的财政，本来就是公共财政，只要政府肯从一般竞争性领域退出，就凭现在的财力，专事公共服务应该绰绰有余。

另外要指出的是，减税虽会减少政府短期收入，但长期看，财政收入却会不降反增。因为调减税率，必能刺激人们创业，随着个人收入和企业利润增加，税源拓宽，政府必能财源广进。举个极端的例子，假如税率太高，全社会没人办企业，政府无税可收；相反，若税率低一点，创业者众，政府税收反而会增多。放水养鱼，道理简单不过，还望政府三思！

高等教育何以公平

今天中国高等教育的状况，不尽如人意的地方一定有，不必诿过。但自1977年恢复高考，大学的校门便对所有的人敞开，只要高考上线，不问出身，大家都有上大学的机会。分数面前人人平等，单凭这一点，就应该承认中国的高教改革功德无量。相对于改革开放前以出身论英雄，这无疑是历史的进步。

想当年，我上大学的时候，高等教育基本是免费的。国家不仅不收学费，还提供少量的助学金。即使是贫寒子弟，只要考得上，一般也能读得起。鲤鱼跳龙门，花钱不多，这更激发了学子考大学的热情，报考人数和招生规模逐年扩大。据统计，1977年，全国的招生总规模只有22万人，到2007年，则达到了567万人，三十年间扩大了近26倍。

问题是，大学摊子越铺越大，办学成本越来越高，全由政府负担，财政确实吃不消。无奈之下，1993年国家启动了高校收费制度改革，在政策上开了“口子”，允许高校向学生收取学费和住宿费。可几年下来，收费额不断上涨，一些家庭负担不起，甚至出现了“一人上学，全家返贫”的现象。这不仅损害了教育的公平，也引发了人们对教育改革的质疑。

为解决这个问题，国家又在2000年启动了高校助学贷款。应该说，助学贷款替贫困生解了燃眉之急，但此举却叫好不叫座。学校积极性很高，学生需求也很大，可助学贷款却始终没有火起来。有人因此指责银行，只会锦上添花，不愿雪中送炭。但平心而论，银行也有苦衷。助学贷款数额小，期限长，管理成本高，信用风险大，赔本赚吆喝的买卖，谁会乐意做呢？

据银行方面说，目前的助学贷款，违约率在30%以上，有的甚至超过了50%。特别是最近几年，大学生就业很困难。一些学生毕业以后，找不到工作，没有固定的住所，如泥牛入海，学校不知其去向，银行追偿无门，很多贷款因此成了“无头债”。即便银行费尽千辛万苦，找到了人也要不回钱。也难怪，这些毕业生自己生活都没着落，拿什么还银行？银行贷款收不回来，对后来的贷款当然慎之又慎。

办高等教育要花钱，以后花钱会更多。关键是这些钱应该由谁出？怎么出？现在看来，让所有学生都花钱上大学，有损公平，实施起来也有困难。而完全由政府包办，又不现实。解决这个难题，需要调整高等教育的改革思路，构建一个多样化的办学格局。具体地说，就是将大学分为公立和私立两大类，私立大学主要靠收费，而公立大学则主要靠国家。与现行体制相比，这是一个分担的思路，但分担不分担，效果大有不同。

高等教育两条腿走路，是国外通行的做法。不过我们要考虑的是将哪些大学改为私立。我的看法，首先应是那些名牌大学。一来是因为他们的牌子硬，公众认可度高，因而市场生存能力强；二来是他们占用的教育经费多。目前的经费分配很不均衡。越是名牌大学，就越能取得政府的支持，而很多一般性高校，则姥姥不亲、舅舅不爱，可谓越有名越有钱，越无名越困难。

一些名牌高校，拿着国家的教育经费去开公司、办企业，教职工既拿国家的工资，又拿学校的补贴。而更多的高校，则化缘无门，捉襟见肘，人才留不住，办学质量上不来。没有办法，收费标准只好一提再提，搞得家长不堪重负。将一部分名牌大学推向市场，国家就可以腾出手来，去支持更多的一般性高校改善办学条件，降低收费标准，尽量不收费或少收费，让更多学生享受到高等教育的机会。

将一部分高校改为私立，它们就得靠市场来谋生存求发展。一所大学，只有集聚一批最优秀的教授，把自己的牌子做响做靓，才能招到更多优秀的学生，取得更多的社会赞助和办学经费。最近几年，政府为创国际知名的一流大学，也算费尽心机，调整合并了很多院校，实施了很多规划，但效果不理想，为什么？一个重要原因，是产权制度没到位。

一般来说，公立大学由政府拨款，办好办坏，对学校当事人影响不大。哪怕培养的学生与社会需求脱节，专业设置未必会改。多数情形，有什么专业的教师，就招什么专业的学生，不论教给学生的东西有用没用，皆与教师的痛痒无关。加上教授是终身制，无饭碗之忧，因而也就没动力去改进教学。放眼看，当今世界一流大学，有哪家不是私立？因此，若指望政府办一流大学，是痴人说梦，起码今天我们还不见有先例。

要指出的是，构建多样化的办学格局，其中也包括用更加多样化的方式选拔和培养人才。比如高考，国家组织高考本身没有错，问题在于方式过于单一，以分数论成败，一考定终身，这样难免会淘汰那些偏科但在某方面极有天赋的学生。更严重的是，高考分数是“指挥棒”，于是我们的初等教育就只能围绕考试展开，结果搞得学生不堪重负，家长精疲力竭，学校也不胜其烦。

其实，人才并无统一标准，选拔人才也应不拘一格。而公立和私立大学分设，正好互补。公立大学可继续实行统一高考，以防止主事人暗箱操作，用国家的资源，照顾自己的关系，损害社会公平。而私立大学自己花钱办学，招生不检点，砸的是自己的牌子，因而不必担心其滥用职权，完全可以允许他们自主招生，以更加灵活的方式选拔培养人才，以尽可能弥补现行高考方式的不足。

公平和效率的问题，人们已经讨论了上千年，但至今也没有找到两者的黄金分割点。但可以肯定，用单一的供给方式，同时兼顾两个目标是困难的。以公立大学来保证教育的公平，以多元化的办学格局来促进效率的提高，双管齐下，也许是当下高等教育改革的可行之策。

人口双刃剑

4

基本国策不可轻变

讨论人口问题，老生常谈。所以作此文，是现在有人担心将来社会老龄化，主张放松人口政策。老龄化当然要重视，但能否放开生育控制，是两回事。民间有种说法：人少好吃饭，人多好干活。这样看，人多的确未必就是坏事。是的，人不仅要吃饭，而且能干活，正是这种吃饭和干活的矛盾，才使人口问题复杂起来。

大体上说，古代社会，地广人稀，缺人干活是主要矛盾。只要有人，就可以开荒种地、打猎捕鱼，人口就是财富。威廉·配第讲："劳动是财富之父"，说的也是这个意思。在这个时期，人口增长是好事，是兴邦之道。所以中国古代的越王勾践，卧薪尝胆时也没忘颁布法令："女子十七不嫁，父母有罪；男子二十不娶，父母有罪。"齐桓公更绝，甚至把宫中女侍都嫁出去，可谓用心良苦，为的就是多生孩子，多添人口，以增强经济和军事实力，进而称霸诸侯。

反对人口增长的声音也是有的，马尔萨斯不是第一个，但却是最著名的一个。说到底，他关注的是吃饭问题。到他那个时代，人口已经有了显著的增长，在局部地区，如当时的西欧，人口密度已经很大了。马尔萨斯对此忧心忡忡，他不知道这种快速增长的趋势还要持续多久，但很明显，经济停滞是看得见的。于是他预言，这是一场龟兔赛跑，人口增长像兔子般飞奔，而粮食增长只能如乌龟一样一步步爬行，最后的结果只能是，人们食不果腹、衣不蔽体，在悲惨和屈辱中聊度残生。

这是个大胆的预言，两百年来人们一直争论不休。仅此一点就可断定，这位牧师绝非平庸之辈。但智慧超群不等于机会凑巧，马尔萨斯的不幸之处就在于，他站在一个新时代的门槛上，竟没有发现工业革命的到来。机器的轰鸣声很快淹没了他的预言，现代经济增长，极大地拓展了土地的人口承载能力。西欧需要更多的劳动力，而美洲则呼唤人们去开拓新的疆土。历史站在了亚当·斯密一边，因为他断言了国民的“富裕”，马尔萨斯牧师，则不合时宜地预言了人类的贫困。

从工业革命到“二战”结束，这是人类历史上一个大喜大悲的时期。成就和灾难都是空前的。人口增长速度明显提高了，但增长的进程并没有持续下去。两次世界大战，以及 20 世纪 30 年代的全球性大危机，都把它给打断了。真正的挑战出现在“二战”之后。经济发展和医疗条件的改善，不仅提高了出生率，而且显著地降低了死亡率，人口增长速度史无前例地达到了 2% 甚至 3%。短短三十多年的工夫，全球人口就翻了一番，从 1945 年的 25 亿人，飚升为 1987 年的 50 亿，现在则早已突破了 60 亿。整个世界都一片惊呼，难道马尔萨斯的幽灵又回来了吗？

世界的惊呼正是中国的问题。新中国成立之初，还是“四万万同胞”，可自从批倒了马寅初，控制人口这件事，再也没人敢提了，由着它翻着跟头地往上涨。农村妇女，生五六个孩子很平常，要是生到十几个，村里人都得高看一眼。小孩子刚六七岁，还没到上学年龄，就得照看一大堆弟弟妹妹，背着一个，领着一群。现在说来，这是很可笑、很尴尬的事，可在当时，却很普遍。按照那时的逻辑，每个人都有一张嘴、两只手。一张嘴吃饭，两只手干活，以一对二，是很划算的。因此，人口是财富，而不是负担。

若倒退五百年，这个逻辑是对的，可今天就大错而特错了，错就错在没有考虑资源。真正重要的不是一张嘴和两只手的对比，而是“爆炸”的人口同有限资源的对比。说到底，这还是个马尔萨斯问题，只不过他对比的是人口和粮食，这里讲的是人口和资源。有人做过统计，1900 年，全球每天的石油消耗量不过千桶，钢材不过2000 吨，而现在分别是7800 万桶和500 多万吨。自然资源是有限的，有些不可再生，按这个速度消耗下去，可怎么得了？而且社会越发展，文明越演进，人均资源消耗量越大。若人口无度增长，跟资源的匹配严重失衡，将来的社会无法安宁。

考虑资源约束，“人多好干活”也值得商榷。一个简单的事实是，你让他干活，先得把他装备起来。演京剧的得有行头，炼钢的得有高炉，即使摆个摊子理发，至少得有把剪刀。从前印第安人可以凭着两条腿在草原上追逐猎物，可现代人不行。我们没有这个脚力，更没有靠蛛丝马迹来识别猎物的能力。在这方面，我们确实退化了，类似的技能，也快要失传了。这绝不是说现代人更无能，我们有更多自由的空间，做成许多古人想都不敢想的事情，但必须借助各种复杂的装备。如果啥都没有，空攥着两个拳头，人多也干不了活，只能白吃饭。由此就带来了一个问题，有限的国民产出，既得吃饭，还得搞“装备”，如果不控制人口，怎么顾得过来？

将来技术发展了，或许能开发出新能源，用太阳能来发电，利用光合作用在工厂里生产粮食。甚至再找一个更适合人类生存的星球，把人们迁到上面去，也不是不可能的。到那个时候，我们也许就不再依赖现有的资源了，生存空间也大大扩展了，人口是不是就可以无限制地增加了呢？这个问题不简单，反正我说不清楚。但有一点是肯定的，在那一天真正到来之前，我们不可能把脖子勒起来，不吃饭，干等着呀。

说得现实一点，能供养多少人口是一回事，要不要那么多的人口是另一回事。与马尔萨斯时代相比，今天的技术不知要发达多少倍，物质条件也好得多，按那时的生活水平算账，可能160亿人都能养活。可时代变了，人们的观念也变了，今天的社会，要对提高全体人口的生活水平负责，所以60亿人都嫌多了。我们理应对技术充满信心，相信它能创造奇迹。但人们更希望奇迹能带来生活水平的提高，而不是在现有的水平上增加更多的人口。

中国控制人口的成就是举世瞩目的，三十年来，少生了三亿多人。但这还不够，要保证经济的成功，统筹人与自然的和谐，推进社会的进步，计划生育作为基本国策还得坚持下去，至少当下还不能轻言改变，绝不能让人口拖累未来。

人口问题要标本兼治

我曾撰文说当下人口政策不可轻变。文章重点强调控制人口总量，而人口结构与老龄化问题未展开说。其实，任何一项政策，执行中总会有些问题，甚至会有些副作用。正视这些问题并想办法改进，才是可取的态度。

是的，目前在基层抓计生的官员，大都一肚子苦水。特别在农村，计生工作的难处通常不为外人知道。矛盾在于，不采取点手段硬指标完不成，到上面交不了差；可手段用过了，老百姓不答应，保不齐还得挨处分。这些年，他们是跑细了腿，磨破了嘴，干过出格的事，也挨过人家的骂，甚至有人咒他们“断子绝孙”。费力不讨好，难怪计生干部时常怨天尤人。

农村计生工作为何难？有人说是因为农民愚昧，封建意识作怪。这话不能说不对，但还没说到根上。唯物得彻底一点儿，观念问题其实是个利益问题。农民最讲实惠，他们愿意多生孩子，是因为生多了有好处。用经济学的话说，叫收益大于成本。在中国广大的农村，谁家人口多，谁家势力就大。家族之间的纠纷，靠的首先不是法律，而是拳头。对这种解决问题的做法，你可以嗤之以鼻，但不能不承认，在一个靠体力或是人多势众的环境中，多生孩子是合乎理性的。

自古说，多子多福。意思是子女越多，晚年越有保障。最起码，几个子女养两位老人，负担要小些，对两代人都有利。这是说的收益。而另一方面，农村养孩子的成本又很低，吃不起肉鱼，可以吃地瓜，上不起学可以下地干活，外出打工还能补贴家用。这样一来，低成本高收益，怎会不超生？你说农民愚昧，其实他们账算得精明。一代又一代的农民演算了好几千年，不会错到哪里去。如果硬说是观念问题，那是因为上面的逻辑已经渗透到农民的骨子里，融化在农村的传统里了。

现代生育理论非常复杂，从经济上算账不是全部原因，但至少是因素之一。问题就在于，我们的计生工作，对这一点分析得不多，重视得不够，所以工作越来越难做。宣传教育不可没有，但也不能期望过高。对大多数农民来说，什么资源紧张，什么可持续发展，都是大道理，不着边际，很难为之所动。光靠蛮力也不行，干群关系会越来越紧张，积累起来，都是不安定因素。回顾历史，经济利益才是最能深刻改变社会的力量，不管是谁，想跟它打持久战，往往要以失败告终。

扬汤止沸，不如釜底抽薪。计划生育既然要长期坚持，就得想个治本之策。我们的工作思路，是不是也要来一个转变，更多地从成本和收益方面想办法。超生罚款很多地方都用过，但效果不算理想，主要是因为它并不能有效地增加生育成本。

乍看起来，罚款数额好像挺大，可平摊在孩子的一生中，实际上没多少钱。

二十多年前，南方有位民办教师，由于超生，被罚了3000元。当时觉得是个天文数字，他干脆给儿子取名叫周千三。现在周千三已经长成了大小伙子，他爸还觉得挺划算。再有就是罚款的口子一开，花钱买生育指标就合法化了。除了给地方政府增加收入之外，对控制人口作用并不大。那么，有没有更好的办法？很多人都出过主意，土的洋的都有，但大部分都是法律或道德不能接受的。

不是说可接受的办法真的没有，眼下就有两计可施：一是健全社保体系，特别是社会养老，只要老有所养，就会减少对子女的依赖，降低养孩子的收益。这正是我们的薄弱环节，养老体制虽已启动，但主要集中在城镇，没有覆盖到农村。另一个是从严执行义务教育法，不管是谁，剥夺了孩子上学的权利，就被视做犯罪。这不仅有利于提高人口素质，而且还能增加养孩子的成本。这个办法，好就好在跟敏感的人权问题隔离开了。生育自由在国际上是受保护的，因此计划生育常常受到指责。但以侵犯未成年人的权益论罪，从哪方面都讲得过去，即使拿到国际会议上，也能摆到桌面上来。

除了人口总量，还有结构。人口结构，关系人口素质。比如现在的农村，一对夫妇平均生一个半孩子，而城市只生一个。假设有三对夫妇，两对在农村，一对在城市，接受城市文明的占总人口的三分之一，可到了下一代，就成了四分之一。这样，人口素质必会降低。当然，这是静态分析，没有考虑城市化和农村孩子考大学进城。但总的说，农家子弟成才更难，机会更少。这不是他们天生就笨，而是环境使然。我本人生长在农村，绝无歧视农民的意思。金融学有条定律，“劣币驱逐良币”，我们现行的生育状况，会不会也导致类似的结果呢？

最后再说老龄化问题。计划生育减少了新生儿，将来的结果必然是老年人多，年轻人少。以前是一对夫妇养五六个孩子，两代人之比小于一，而实行了计划生育，这个比例就大于一了，这就是人们所说的老龄化。西方国家，由于较早就出现了低生育率，现在正在被这个问题困扰，我们迟早也会遇到的。老年人丧失了工作能力，还得生活、就医，用什么来养活他们？你可以说由社会养老，可社会也得拿出东西来不是？

应对老龄化，归根结底，还得靠科技创新，提高劳动生产率。干活的人少了，吃饭的人相对增多，如果不提高劳动生产率，将来僧多粥少的矛盾就化解不了。因此，推动传统产业转型与结构升级，发展资本密集型与技术密集型产业，是个长久之策，切不可大意。劳动力成本低，只是眼前优势，再过十多年，随着劳动力人数急剧减少，我们这方面的优势，将可能荡然无存。

十年树木，百年树人。人口问题非比寻常，它的特点是有滞后性。有问题当时表现不出来，即使预见到了，也不一定有积极性去解决。可十多年后，问题一旦凸显，摆在人们面前就不得不花很长的时间去矫正。因此在这个问题上，希望政府多一些未雨绸缪的做法，少一些亡羊补牢的措施。

8000亿元空账的着落

最近有消息说，政府打算将部分国有股划入社保账户。若消息确切，当是一件功德无量的大事。这些年的社保改革，总体说步子很大，但困难也不少，至于究竟难在哪里，说来说去，巧妇难为无米之炊，核心问题则是一个“钱”字。

养老保险也好，医疗保险也罢，都得有钱，没有钱，保障无疑画饼充饥。从一定程度上讲，这正是我们的问题。我们的社保是近十年才建起来的，一些老职工以前没有入保险，他们的账户里并没有钱，可现在人老了，身体也差了，到了用钱的时候，可养老金、医疗费却没着落。如此一来，问题就出现了。就好像八个人凑钱订了一桌饭，现在八个人还没落座，突然又来了两位不速之客，这顿饭怎么吃？

现在社保基金收不抵支、捉襟见肘，原因就在这里。按理讲，你没凑份子，就不该来吃饭，没入保险，就不该领保险金，这似乎天经地义、毋庸置疑。可如果据此指责我们的老职工，既不通情理，也不公平。这不是他们个人的原因，而是个历史问题。

人所皆知，以前我们实行的是低工资政策，说是工资，其实只是基本生活费，其余大部分都被国家收走了，用于上项目、铺摊子。当时政府讲：把钱交给政府，将来政府来负责大家吃饭养老。新中国成立后的几十年，也一直是这样做的，因此职工对此深信不疑，拿低工资也无怨无悔。可料想不到的是，等到这批职工退休，国家却改了章程，政府不再管饭，让他们去找社保机构。换个地方吃饭，倒也不是什么问题，问题是政府没给饭钱。于是，他们便成了不速之客，搞得大家都尴尬。

政府现在的办法，说白了还是“拆东墙补西墙”。八个人订饭，先来了七个，还有一个在后头，国家就把这个人的饭端过来，再从别人那里匀出一碗，交给两位老人，政府的意思：“既然来了，就先吃着，等那个人来了再说。”其实，这是个得过且过的办法，虽能解燃眉之急，但时间长了，肯定会出问题。随着人口日趋老龄化，年轻人的比例下降，老年人的比例上升，将来不速之客可能不是两个，而是五个，而“订饭”的人，可能从八个减为三个，到那个时候，恐怕就再也匀不过来了。

我们的社会保障制度，从一开始，就在统筹账户之外设计了个人账户。目的就是让各人存各人的钱，自己吃自己的饭。将来即使“桌饭”（统筹账户）不够了，至少“份饭”（个人账户）这一块还是有保障的。这个设计思路是对的，可由于老年人的问题没解决，国家不得不将在职职工个人账户里的钱，挪出来救老人的“急”。结果自己定下的规矩，自己先给破了。对人对已不好交代不说，由此还留下一个很大的窟窿。个人账户名义上有不小的结余，实际上近乎一个“空账”。有人估算过，说光是养老金账户，空账就达8000多亿元。到底有没有这么大的亏空不敢说，但问题严重是肯定无疑的。

怎么才能把这个窟窿堵起来？很多人出主意说，可以提高保险费费率。这个建议，遭到了多数人的批评。现在企业的负担已经很重了，各种收费先不去说它，光是社会保险费，国家明文要求上缴的，就接近工资总额的30%，如果再考虑各种补充保险，35%都打不住，有些地方甚至超过40%。在这种情况下，如果再提高费率，无异于杀鸡取卵、竭泽而渔。特别是保险费以人头工资为基数计取，国有企业冗员多，负担重，更是难以支撑，眼下，我们就已经遇到了这个问题。

有一家国有大型企业，效益不好，虽然尽了很大努力，欠费仍高达一亿多元。按照政府出台的《社会保险费征缴暂行条例》，企业不仅要补足欠款，还得接受处罚。可在具体的执行过程中，连当地社保机构的领导都为难，企业确实困难，强行收缴，等于逼它破产。别的不说，三万多职工怎么办？都去领社会保险，那麻烦就更大了。因此，按照上面的思路，势必陷入一种恶性循环：因为没钱支付保险金，所以提高保险费。可费率一提，很多企业就得关门，结果缴保险费的人更少，领保险金的人更多。果真如此，资金缺口会更大，问题会更严重。

有鉴于此，故政府有意将国企在国内发行的股票，划转10%弥补社保金不足。应该说，这是个治本的办法，是个好消息。好就好在它不仅能偿还历史的欠账，而且有利于国企改革。我们的国有上市公司，股本结构很不合理，不仅一股独大，而且流通盘小。本来国企上市筹资是一个方面，重要的是转换机制。可现在的股权结构，机制根本改不了，好比一个人，一只脚下到水里，另一只脚还在岸上，怎能学会游泳呢？

几年前，“郑百文”事件是个典型例子，当地政府曾把他树成国企改革的一面旗帜，可一眨眼，就给捅出个天大的窟窿。公司老总都是政府派的，平头百姓有什么办法？所以从长远看，国有股减持是明智之举，与其让那些“败家子”吃光分净，不如变现补充保险。拖到啥时候，这都是一笔历史的欠账。

常言说，解铃还需系铃人。老职工的“饭钱”是政府拿走的，政府理应安排人家吃饭。让去社保机构吃也可以，但饭钱还得政府出。不管怎么说，当初政府是有承诺的，现在应该兑现，如果一推了事，那就不好了。但愿国资委的官员快些研究，当机立断，促成国有股划转方案早日出台。

北京的人口问题

北京是首都，千年古城，多些人口本不必大惊小怪。年初参加北京市人代会，有代表说北京人口已膨胀近爆炸边缘，方知此事非同小可。据专家称，北京宜居人口为1200万，而去年北京人口已达1714万，其中常住人口1204万，流动人口510万。比官方为2020年设定的极限人口1800万，差不多提前十年达到。

人口过快增长，给北京的压力可想而知。首先是水。北京只能满足1400万人用水，且人均拥有量，只是全国平均水平的1/8。由此看，北京是国内最缺水的城市。其次是交通。尽管市内道路一修再修，但由于人满为患，交通堵塞有增无减，汽车尾气已成污染环境的一大公害。再次是物价。CPI节节攀升，尤其是房价，一直领涨全国，令市民百姓望“房”兴叹。

上述种种，生活在北京的人都深有感受。问题就摆在面前，不可能熟视无睹，然而木已成舟，当下重要的是怎么处理。大家都寄希望于市政府领导有奇招妙法，能化险为夷。我听到的建议：一是更严格地控制进京户口，二是限购私家车，三是控制物价。后两条与减人口无关，让我先说第一条吧。

控制进京户口，一定程度上会抑制人口规模。但户口所能限制的，只能是常住人口，对流动人口仍鞭长莫及。而且即便是常住人口，想控也不容易。最起码一点，北京要发展高科技，不可能闭城锁市。这些年，进京的门槛已经很高，外地人进京要拿到户口，至少得有研究生学历。若进京政策再收紧，把高学历的人皆拒之门外，北京将何以科技强市？

如果说，控制常住人口难，那么控制流动人口就更难。北京是全国的首都，并不专属北京市民。外地人来京务工，帮助搞建设，北京也需要，人家又不进户口，我们凭啥不让来？再说，若无数百万民工餐风饮露、一砖一瓦地劳作，北京一栋栋高楼怎会拔地而起？换位思考，你若是外地人，到北京打工都不被允许，你会怎么想？会觉得公平吗？

由此看，用行政办法卡住进京人口并非明智之举，也不可取。问题是人口压不下来，北京的交通与空气污染怎么办？有人主张限购私家车，不能说不是办法，但这样不仅汽车生产商会反对，没买车的市民也会反对。市场经济买卖自由，怎可无端剥夺人家买车的权利？那么退而求其次，让私车出行分单双号如何？没车的当然无所谓，但有车的会反对，而且还有另一后果，即假牌照会泛滥成灾。不信吗？我可赌半年工资！

我个人的看法，缓解城市交通，根本出路是在发展公交。要是公交很发达，不仅便宜，而且舒适，人们怎会不选择公交出行？曾问过欧洲的朋友，他们为何不驾车上班？回答是停车费太高，不如地铁省钱。一语道破，目前北京交通拥堵，表面看是车辆过多，而实则是公交欠发达，且停车收费过低。如果政府下大力发展公交（尤其是地铁），并对停车场课重税，私车出行必减无疑。

至于北京的高物价，居民有不满情绪，可以理解。市政府最近承诺，要把今年物价控制在全国平均水平之下。不知市长有何高招？但需指出的是，物价上涨是流动性过剩所致，而货币供应权握在央行手里，北京市怕是无能为力。当然，北京可通过增加供应压物价，可困难在于，倘北京物价果真低于全国，大家都跑来北京消费，局面恐更加难以应付。

是的，物价在理论上由供求决定，但最终则由需求拉动。以北京房价为例，每年来京买房的人成千上万，房价焉能不高？其实，房价高是人太多而需求过旺的结果，而不是相反。试问，若北京房价不高，岂不会有更多人涌进北京？由此想多一层，北京若要控制人口，消费物价到底该不该低于全国水平？答案简单不过，相信读者自己想得出。

回头再说北京控制人口。我想到的有两招：第一招是放开户口。很多人以为，卡户口是控制人口的灵丹妙方，实则不然。卡户口是双刃剑，不仅令外地人进不来，同时也会让北京人出不去。想想吧，离开北京就回不来，谁肯轻易放弃户口？若户口放开，进出两便，未必会有那么多人肯留在北京。经验说，越是政府控制的东西，追逐者就越多。当年进出口配额如是，今天北京户口也如是。

国外的做法，就我所知，不少国家虽有户籍制度，但大都迁移自由。比如泰国法律规定，不管是谁，只要在某地居住六个月以上，便可到当地办理户籍登记。在美国，居民不用办户籍登记，只需凭身份证和社会保障号，则可漫游全国。对人口的管理，用的是市场手段。比如某城市人口过多，物价就会上涨，生活费用上升，同时劳动力价格会降低。这样一来，市场会引导人口有序流动，寻找最有利的就业机会与居住地。

北京人口减压的第二招，就是鼓励人口外迁。要点是，构造京津冀大首都经济圈，将劳动密集型产业逐步移至周边中小城市。产业转移必带动人口转移，其间政府要做的，就是给迁出者以合理补偿，甚至承诺，在北京户口未放开之前，迁出人员可不动户口。同时，市政府还应出台相关政策，鼓励居民离京养老。只要政策足够优惠，看病吃药有保障，没准会有很多人求之不得呢。

写到这里，最后再给中央政府一点建议。居住在北京的人，所以有优越感，是因为北京是首都，国家部委都在北京，于是近水楼台，在配置公共资源时，中央政府让北京吃了不少偏饭。要知道，中国人自古恋家，外地人纷纷往北京挤，也是冲它来的。由此看，要彻底化解北京人口压力，最根本的办法还得实行公共服务均等化。

千里之行始于足下。公共服务均等化虽非一日之功，然亡羊补牢，还是让我们从现在做起吧。

市场观潮

5

为全民炒股辩护

新闻媒体为吸引眼球，故弄玄虚地炒作是常事，见多不怪。不过前几天看报纸，大字标题，称国资委研究中心主任王忠明说“全民炒股没什么不好”，颇感突兀。与忠明是朋友，打电话过去求证，忠明说确有其事。他知道我的看法，所以希望我能写文章为之呼应。

忠明说的全民炒股，当然是形象说法。最近的数字，股市开户数是九千多万户，按每个户头三人算，炒股涉及的人数也不及总人口的四分之一。而日前证监会主席尚福林说，九千多万开户者中，交投活跃的仅三千万户。由此看，那种对国人全民炒股的批评言过其实，有水分，不可信。

我一直认为，是不是全民炒股不重要。退一步说，即使将来有一天，中国老百姓都入市，真的是全民炒股，也无可厚非。股市本来是个开放市场，而国内目前的股民，几乎都是城里人，若限制全民炒股，摆明就是不让农民入市。我想问的是，股票城里人炒得，外资机构也炒得，为何农民就炒不得？市场天生平等，买卖自由，有什么理由画地为牢，把农民阻拦在股市之外呢？

批评全民炒股的学者，据说理由是怕助长股市投机。几年前，就有经济学家对股市投机横加指责。股市有投机吗？当然有。问题在于，股市若无投机，那还是股市吗？你可以反对内幕交易，反对违规操作，反对恶意欺诈，但就是不能反对投机。所谓投机，投资于机会也。有赚钱的机会就投资，有大机会大投资，小机会小投资，没机会不投资，此乃投资的通行法则。未必有钱不赚，专门赔钱才对？这是哪家的经济学？

想象不出，股市若不准投机，交易该如何达成？事实上，任何一只股票买进卖出，都是投机的结果。道理很简单，要是看涨大家都看涨，没人看跌，谁会肯卖？相反，要是看跌都看跌，没人看涨，谁会肯买？若如此，有行无市，股市就得关门。想当年，股市遭遇利空，严重时大跌三天，可为何没崩盘？说到底，还是有人敢投机，对后市看涨，大胆接盘。中国股市有今天的成就，市场投机功不可没。

其实，对一个国家来说，鼓励投机冒险也不是坏事，最起码，有利于创业，能扩大就业。很多人以为，今天的企业家成功，是因为当初他们有本钱创办了企业。实则不然，比尔·盖茨富可敌国，可创业之初却是穷学生。李嘉诚堪称亚洲首富，当年也是白手起家。国内民营企业家，有几个不是因为穷则思变？不错，创业需要钱，但重要的不是钱，而是投机与冒险精神。

美国经济学家奈特曾写《风险、不确定性与利润》，对此有精辟分析。奈特把人分三类：即风险偏好型、风险规避型及风险中型。企业是怎样产生的？奈特说，是不确定性令投资有风险，有人害怕冒险，有人偏好冒险，这样就产生了雇佣与被雇佣的关系。举个例子，张三与李四都各有十万元，可李四怕赔本，不敢创业；而张三胆大，敢冒风险。于是约定，李四把钱借给张三，由张三做老板，李四为其打工。有两种可能：创业成功，张三大赚，李四拿工资并收回本息；创业失败，张三破产，李四下岗而且也血本无归。

有趣吧？李四不想冒险，可最后还是担了风险。可见投资有风险，把钱借给别人也有风险，即便存银行，也非万无一失。早几年巴林银行倒闭，海南发展行清盘，都是例证。再往深处想，一个社会，若不鼓励冒险，大家都学李四，没有张三，人们到哪里去找工作？当下就业压力大，政府有意鼓励创业，若不宽容投机、宽容冒险，鼓励创业岂不是空口白话？

回头再说全民炒股。我的看法，全民炒股的最大妙处，是分摊风险，支持创新。大家都说，创新是社会进步的动力。但创新不易，前无古人，成败难料。我们可寄希望于企业家，但企业家担风险也只能力所能及。何况有些创新，耗资巨大，靠企业家个人，砸锅卖铁，怕也是九牛一毛。银行有钱，可那是别人的存款，不能搞风险投资。因此，创新资金，只能靠资本市场筹集。设想一下，假如中国有十亿股民，每人拿十元买股，就是一百亿元。有十亿股民分摊风险，何患企业不敢创新？

近三十年，美国高科技一马当先，为何？是美国人智商高，聪明过人？绝对不是。有资料说，美国的高科技人才，75%来自发展中国家。那么美国凭啥能独领风骚？普遍的共识，是美国的资本市场得天独厚。1971 年，纳斯达克市场创立，此后三十年，为科技创新输送了大量资金。像微软、英特尔、康柏、戴尔、苹果、思科和雅虎等高科技企业巨人，无一不是纳斯达克捧出来的“名角”。

是的，股市不仅是融资场所，也是风险分摊机制。全民炒股，无非是把部分存款转投了股市，是融资方式的改变，大势所趋。据称，美国今天的基金规模已超过了银行资产，直接融资达90%，相比之下，中国还刚起步，直接融资仅占10%。由此看，说全民炒股挤压了银行，是夸大其词，纯属杞人忧天。

行文至此，有一点要提醒：炒股不是坏事，但有风险千真万确。对政府来说，当务之急不是限制炒股或打压股市，而是要坚决清退违规资金，加快新股发行，双管齐下，平衡股市供求。对股民来说，也应多研究市场，看清大势。毕竟股市不相信眼泪，无知可以无畏，若一旦赔了钱，那可是切肤之痛！

关键在引导预期

股市的事不好说，无论说涨说跌，都可能挨骂，是自讨苦吃，所以我历来对股市冷眼观潮，只看不说。最近与朋友聚会，大家谈得最多的还是当下的股市，而几家新闻媒体，也希望我对股市发言。恭敬不如从命，在这里说点看法，不过得迂回一下，让我先从理论方面下笔。

经济学说，股票的价格由两个因素决定：一是每股的红利，二是银行存款利率。每股红利除以存款利率，则是股票的市价。举个例子，某只股票的年红利是 1 元，而银行存款年利率是 5%，那么该股的市价就是 20 元。有两个要点：第一，股票的市价与票面价无关，票面价代表的是净资产，至于每股净资产在市场能卖多少钱，则取决于它的赢利能力。第二，投资股票与银行存款收益相同。还是上面的例子，假如你手里有 20 元，可以买一只股票，将来每年可得红利 1 元；而如果将这 20 元存入银行，每年也可收利息1元。由此看，做股票投资与银行存款没有大的区别。人们手里有钱做何种选择，就得看个人的偏好了。

要解释的是，买股票与存钱收益无异，那为何今天中国的股民会越来越多？据说目前股市的开户数，已过9000万户。我知道的，近来亲戚朋友中，也有不少人把存款转入了股市。是股市的收益高过储蓄吗？非也！至少理论上得不到支持。真正的原因，则是股逢牛市，人们整体预期向好。

是的，将钱存入银行，只要利率不变，银行不破产，年收益掐指可算。可买股票不同，股票收益是预期收益，当人们买进股票时，由于信息不充分，将来的真实收益是多少，并不肯定，于是，这就带动了市场投机。说过了，股票代表的是资产，经济学家费雪说，资产价格是预期收入的贴现。换言之，人们对股票收益的预期，决定了股价的高低。

比如，若有人认为，今后电力会短缺，那么电价上涨，电力公司的预期赢利会增加，只要多数人这么看，电力公司的股票一定会涨。而且，股市是“人来疯”，只要大家追涨，需求拉动，股价就会持续地涨。反之，若有消息说，下月将有一批新电厂点火发电，电力可能过剩，于是，电价下降，人们对电力公司的收益预期就会变，股价立马会跌。

懂得这个道理，就不难理解股市的涨落。去年年初以来，上证指数从1000多点涨破4000点，翻了三倍，牛气冲天。受其影响，大家对股市预期自然要乐观。本来，逐利是人的天性，股民入市，多数不是长期投资，而是短期套利，要是身边有人赚了钱，现身说法，你怎能无动于衷？我看到的数据，今年新入市的资金，就有6000多亿元。大规模资金涌入，股市哪有不涨的道理!

问题是股市上涨的势头能持续到什么时候?年前就有专家说，国内股市过热，叫股民当心风险。可年后股市一路上攻，令专家大跌眼镜。上月央行调高存款准备金，又有学者预测，这回股市必掉头，可“五一节”后，大盘却高开高走，不见下挫的迹象。是专家学者危言耸听吗?不见得。那么我们的股市到底发生了什么事?

可以肯定，现在的股市有泡沫。不用复杂推理，判断不会错。上文指出，股价由每股红利与银行利率定。股价水平，与上市公司业绩成正比，与银行利率成反比。假定利率不变，股价上扬，得有公司业绩支撑。否则，那一定是无源之水，泡沫无疑矣。有数据说，去年A股企业平均赢利增长42.27%，而同期股指却翻了两倍多，请问，脱离业绩虚涨，不是泡沫是什么?

专家分析没有错。奇怪的是，明知股市有泡沫，可广大股民为何还义无反顾?难道不怕赔钱不成?绝对不是。我的看法，是股民关注的重点不同于专家。专家看重公司业绩，而股民做短线，低买高卖，只要明天可能涨，今天就不会罢手。何况有人估计，上证指数能破5000点。要是大家都这么看，没人退场，股市当然要涨。

由此看，股市的走向，关键在股民对未来的预期。企业业绩会影响预期，但重要的还是政策面。最近有经济学家撰文，建议政府大幅提高利率，打压股市。我也希望股民多些冷静，但不赞成政府出重手。事实上，央行已多次加息，近一个月，存款准备金就连调两次，即便再提利率，散户未必会理睬，而利率大幅提高后，资金成本陡升，工商企业吃不消，会影响对外竞争力。

更大的麻烦是货币政策有滞后性。经验说，政策变动到产生效果，大约要滞后一年到一年半，因此，政府为调控股市，很容易矫枉过正，要是处置过当，药猛伤身，导致经济萧条，后果就更不好收拾。不是没有教训，以往经济大起大落，货币政策频繁变化怕是难辞其咎。

消除股市泡沫，我的观点，政府不必直接打压，所要做的是严格市场监管，彻查违规入市资金；同时，利用官方媒体和各种途径，普及风险教育，引导股民预期。只要预期理性些，股市自然不会发神经。其实，天下没人愿赔钱，要真是看到了风险，股民怎会恋战而不见好就收？

最后说一句，当前的局面是散户持股，机构空仓。散户逼空机构，不少机构正伺机补仓。政府现在打压股市，得利的必是机构，吃亏的是散户。若以散户利益为重，那么政府明智的做法，就是静观其变而不轻易出手。

普洱茶涨价有泡沫吗

我直觉一向很好，有错的时候，但对的机会还是多。去年赴云南调研，在临沧参观一家茶场，当时就有预感，普洱茶方兴未艾，将会带动一方农民致富。离开时，主人邀我题字，未假思索，提笔便写下一句："一片茶叶撑起一个新农村"。

从临沧飞到昆明，坐车进城，一路看，大街小巷普洱茶广告触目可见。于是与陪同我的龙润集团董事长焦家良先生提及普洱茶将成为云南的一大产业。不料焦先生大加赞许。他说，云南靠烟叶成就了一个产业，靠花叶也成就了一个产业，普洱茶仅产于云南，独具特色，成就一个产业指日可待。

英雄所见略同。不同的是，焦先生是实业家，他当机立断，组建了龙润普洱茶公司；而我一介书生，只能坐而论道，在《21 世纪经济报道》写了篇专栏：《普洱茶的供求分析》。文章指出，普洱茶要成为一个产业，关键在需求。而拉动普洱茶的需求，重点有三：一是引导消费者偏好，二是增加人们收入，三是强化产品特色。

这是一年前的事。回北京后，事务缠身，平日对普洱茶少有关注。大概因为那篇文章，上周收到请柬，邀我参加在西双版纳举办的首届中国普洱茶联盟论坛峰会。虽一再言明，本人不是茶专家，可办会单位隆重其事，一定让我作主题演讲。盛情之下，只好客随主便。事先没拟稿，一个半小时，谈了我对普洱茶市场的看法。

曾对朋友私下说过，我看好普洱茶的商机。但想不到去年年初至今，普洱茶原料的价格会涨五倍，成品茶涨三倍。有泡沫吗？会议期间云南电视台记者采访我，我的答复是价格升得快，未必就是泡沫。经济学说，价格要由供求定，若不存在行政干预，价格上涨，一定是供不应求。既如此，价格涨多少，当然由市场说了算，旁人不必杞人忧天。

其实，评论普洱茶的市价，不应就事论事，要纵横比较。从纵向看，今天普洱茶价格大涨，是因从前价格低，有补涨成分。历史上，普洱茶辉煌过，清朝达鼎盛，《普洱府志》记载：“普洱所属六大茶山，周八百里，入山作茶者十余万人。”当年盛况，不难想见。可近百年来，普洱茶盛极而衰。我听临沧的茶农说，以往一斤鲜叶仅9角钱，无利可图，于是不少茶园被废弃。前年秋天，有人发奇想，组织马帮进京，媒体造势，结果普洱茶需求被唤醒，炙手可热，价格自然要涨上去。

问题是价格一年涨五倍，正常吗？说过了，判断价格水平，不能只看涨幅，重点要看需求。只要有人肯花钱，你情我愿，就没有什么不妥。而且横向比，眼下一斤铁观音价格过千，一斤普洱茶卖600元，贵吗？单比价格，不贵。有人说，普洱茶品位不及铁观音，不可比。此话差矣，马歇尔说，商品对不同的人，效用不同，效用的度量，就看消费者出价，若你觉得普洱茶一斤600元贵，你可以不买，既然你肯掏钱，那一定是物有所值。

我有个判断，今后三五年，普洱茶的价格还会涨。据说，目前茶农每年能提供的原料有8万吨，而茶商接到的订单是20万吨。不是官方数字，不完全准，但供需有缺口则确信无疑。经济学逻辑说，价高利大，茶农必会扩大种植，增加供给。而困难在于茶树的生长周期，一般为三五年，所以我断定，短期内供求局面不会变，价格上涨势头不会逆转。

更长远地推测，普洱茶价格将稳中有升。仍从供给看，种普洱茶需特殊的气候条件，据专家说，只云南思茅、临沧、西双版纳等少数地方适宜种植，受气候条件约束，种植面积有限，今后普洱茶的供应，不会多到哪里去。但从需求看，拉动普洱茶需求的因素却很多，容易想到的，至少有三点。

第一点，普洱茶可以储藏。类似茅台酒，普洱茶存放年头越久越值钱。韩国的中国普洱茶研究院院长姜育发教授告诉我，一饼五十年的茶，目前市价达30万元人民币。就是说，普洱茶不同于一般茶品，它有投资价值，可作资产收藏，如此一来，普洱茶不仅有消费需求，而且有投资需求。

第二点，普洱茶可以保健。流行的说法，普洱茶可以减肥、降血脂，对此，虽还没有权威机构出面作证，但只要消费者认可，事实上就成了拉动需求的因素。我不懂医药，普洱茶到底有无保健功能，不敢说。不过我相信，消费者不傻，况且此说法古老相传，至今不见质疑，想必也不是空穴来风。

第三点，政府扩大内需。中国经济要持续增长，必须扩大需求，很显然，当前政府的扩需重点摆在消费上。经济学说，收入决定消费。由此看，政府要拉动消费，必先提高居民收入。欧美国家的经验，随着收入提高，人们的饮食结构会改变，肉类食品会增加，血脂会上升，若普洱茶真有降脂功效，需求量必将大增。

要交代的是，我说普洱茶当下没泡沫，不等于日后不出泡沫，潜在的危险来自普洱茶的收藏。不错，普洱茶有收藏价值，但得有个前提，那就是稀缺。设想一下，今天大家都收藏普洱茶，待若干年后沽出，假若那时市场供大于求，你会卖到你所期望的价格吗？物以稀为贵是简单的道理，还是奉劝消费者多一些理性，少一些盲从为妙！

美元化焉知祸福

当今世界，流通最广、币值最坚挺、最为人们接受的，非美元莫属。这种美元大行其道的现象，被称为“现实美元化”。近年来，我国外汇储备不断增加，美元化问题对我们的影响日渐突出，因此也受到国内学界越来越多的关注。

记得八年前，国际货币基金组织曾做过一次调查：美国发行的现钞三分之二在境外流通，新增发的美元中，大约四分之三被外国人所持有。美元存款占货币供应量的比例，超过50%以上的国家有七个，占30%～50%的国家有十二个，占15%～20%的国家则更多。在波多黎各、阿根廷、厄瓜多尔、萨尔瓦多、危地马拉和巴拿马，美元很大程度上取代了本币，在市面上合法自由流通。那么，美元为什么这么牛？美元化的原因究竟何在？

其实，在美元化的背后，是美国强大的经济实力、在国际贸易中的核心地位以及高度发达的金融市场。“二战”结束时，美国对外贸易额占整个世界的30%，黄金储备全球第一，在近四十年的时间里，美元和黄金一样可靠，其他货币都要跟美元挂钩。后来，美元走了一段下坡路，日元、联邦德国马克异军突起，与之分庭抗礼。但是，瘦死的骆驼比马大。当今天下，论经济实力，美国仍是首屈一指，其产值占全球的四分之一，对外直接投资占全世界的三分之一。难怪美元一路风光，牛气冲天。

对美国而言，美元化可谓一本万利。我们知道，在当今任何一个主权国家，私人造币都是绝对禁止的，因为谁有权发行货币，谁就可以得到丰厚的“造币收入”。它是指纸币的面值与印制成本之间的差额。美元作为最重要的载体货币，大量用于国际支付，美国也就顺理成章、名正言顺地变成了“世界造币工厂”。只要它开动一下印钞机，其他国家辛辛苦苦生产的产品，便可归到它的名下。一张百元美钞，印制成本仅为四美分，美国每年获得的铸币收入，占到GDP的2.5%，美国这么大的经济总量，增长0.1个百分点，都将是一个天文数字。

在世界各国外汇储备中，美元占的比重近60%，这笔钱当然不会存在各国的国库，那样的话，既没有利息收入，也不利于对外支付。实际上，美元储备的大部分要存入美国银行。美国人不费吹灰之力，又得到了巨额长期低息贷款。另外，国际贸易中货款结算，国际金融市场资金借贷、本息偿还，跨国公司利润汇出等等，相当一部分都用美元结算。要获得美元，必须与美国发展贸易往来，进行多方面合作。所以从长期看，美元化巩固了美国的贸易地位，维持了它在国际舞台上的影响力。

当然，美元化的好处，并非美国一家独占。实行美元化的国家，把自家经济与美元绑在一起，可以稳定币值，提高公众信心。常言道，大树底下好乘凉。只要美国经济不滑坡，美元不出现大波动，美元化国家本币汇率就稳定，在国际经济交往中，就能找到更多的合作伙伴。有经济学家认为，货币的不同和汇率浮动，大大提高了国际贸易的成本。欧盟坚持发行欧元，是为了减少汇率波动，降低各成员国的交易成本。实行美元化的国家，其目的也大抵相同。

要指出的是，美元化虽有些好处，但它所带来的负面影响不可小视。典型的例子是阿根廷，1991 年，为遏制通货膨胀，阿根廷政府决定，本币比索与美元挂钩，实行 1∶1 的固定汇率，美元可在国内自由流通。该政策实施头几年，阿根廷一度物价稳定。可好景不长，90 年代后期，美元持续走高，比索严重高估，阿根廷出口乏力，外汇储备日减。最后，不得不放弃比索与美元的固定汇率。

前面是车，后面是辙。阿根廷的教训，不啻为一帖清醒剂。看来，一个国家是否推行美元化，还得权衡利弊、细数得失。具体说到中国，一直以来，我国外汇市场交易都是以美元/人民币为主，然今非昔比，时变道也应变。为防范汇率风险，维护国家经济安全，逐步扩大欧元/人民币等非美元币种交易乃明智之举。俗话说，小心撑得万年船。至少多几手准备，不是什么坏事。

实名存款有喜有忧

世人爱财，但又不愿露富。细说原因，大概一是怕人借钱，二是怕被“强人”惦记。再有，就是富得不明，心中有鬼，想到法网恢恢，更是平添一层忌讳。于是，手眼通天的人，便把钱转移到国外，存入瑞士银行。要是没这本事，则改名换姓，整出许多化名存款来。

化名存款所以可能，原因在储户存钱时，存单由客户自己写，银行只管填没填人名，不问真假，这叫存款记名制。记名制的做法，世界上多数国家早已废止。只是国人觉醒晚，六年前才改弦更张，实行实名制。存款人开新账户，往银行存钱，银行要求在存单上填写真名，并登记证件号码。

有人说，实名存款是一场革命。革命不革命不好说，但它有利于打击腐败却是肯定的。尽管早在 1988 年，全国人大就设立了巨额财产来源不明罪，可执行起来，总有点力不从心。因为司法机关办事，总得以事实为依据，明知有“猫腻”，但如果拿不出足够的证据，法律这条“准绳”也绑不了人。而恰恰是存款记名制，让贪赃枉法者钻了空子，不管是黑心钱还是昧心钱，只要用假名一存，查起来就得大费周折。

几年前，海南东方市市委书记戚火贵索贿受贿，司法机关立案已久，愣是拿不到证据。后来戚夫人百密一疏，写信给她的台湾亲戚，让人家帮着她转移赃款，结果信被安全机关截获，案情才告破。实行了存款实名制，就可以免去这些不必要的麻烦，它的威力有多大，普通老百姓可能想象不到，据说在韩国，实名制一实行，有数千笔大额存款到期无人认领。不是不想领，是怕“见光”。

观念问题归根结底是利益问题。比如个人所得税难征，到底难在哪里？恐怕不单是“纳税意识淡漠”。反思一下我们的存款管理制度，其实是允许人家这样做的，芸芸众生，哪有不趋利避害的道理？看看前些年的一些明星大腕，日进斗金，铺金盖银，可个人所得税却交不了仨瓜俩枣，查一查他们的存款，就那么一两万元，税务机关有什么办法？若推行了实名制，这些漏洞就可以堵住。

不过，实名制也有两种，即有广义和狭义之分。狭义实名制是身份实名，我们现在实行的就是这种，只登记存款人的姓名和有效证件——比如身份证号码。而广义的实名制，除了身份证，还要登记存款人的职业、住址和家庭状况等。为什么要登记这些信息，为的是建立起一套全面的个人信用制度。

文明社会，信用是一块基石，抽掉了这块基石，往小了说，市场制度无法运行，往大了说，整个社会就得解体，退回到人类开化前的“自然状态”。在商业社会里，个人信用只能用个人财产来衡量，有多少财产就有多大信用，如果一文不名，你的信用就没有保证。

无疑，我们现在的实名制，还仅是身份实名。尽管推行比较顺利，社会反映也比较平静，但平静的背后，是这项政策在有些地方走了形，变了味。是个老毛病了，部门利益经常跳出来干扰国家政策，上面明明是一部好经，可被歪嘴和尚一念，就不知道“歪”到哪里去了。为了拉存款，一些机构不是立足于提高服务质量，搞人无我有，人有我优，反而搞起了“人有我无”，人家要审核证件，填写真名，我这里好商量，假名一样放行。如此一来，实名制岂不成了一纸空文？

再就是这年头假东西太多，连事关人命的假酒、假食品、假奶粉都大行其道，那假文凭、假证件就更不在话下了。交上个人照片，外加200元钱，一张假身份证立等可取。而且连上面的大红印章，都可用计算机从真身份证上照排下来，与真品完全一样，足以乱真。银行职员没有练就“火眼金睛”，让他们甄别这样的证件，肯定力有不逮。要是这一关把不住，化名存款又将如鱼入海，再想把它找出来，就难上加难了。

完善存款实名制，我的看法，还得采用广义实名制。身份证可以造假，但家庭住址、工作单位、收入状况作假就难。银行一个电话，便可问个水落石出。因此，广义的实名存款，不仅可以杜绝身份造假，而且有利于建立个人信用评估制度。据说几年前上海就已着手做这方面的工作，若这项制度建立起来，将是件功在当代、利在千秋的好事。

设想一下，如果有了全国统一的个人信用体系，那么将来我们也可像老外一样，非常潇洒地开出个人支票，这总比蘸着唾沫点钞票要“酷”吧？更重要的是，个人信用制度完善后，市场交易就更透明了，还能大量减少使用现金，不仅快捷省事，而且安全。押送现金可是提着脑袋的事，运钞车经常被人抢，可你听说过有人抢支票吗？

希望广义实名制能得到政府的重视，思前想后，不应该有人反对。要是有谁不赞成，请把理由说出来让大家听听。

香港金融保卫战回眸

1997年7月1日，香港回到祖国怀抱。600万香港同胞，沉浸在归家的喜悦之中。谁能料到，一场金融风暴，正席卷而来。7月2日，泰国金融崩溃，一日之间泰铢贬值20%。8月14日，印尼盾被迫与美元脱钩，两个月内缩水50%。11月，马来西亚外汇储备消耗殆尽，吉隆坡证券指数下跌76%。

东南亚金融动荡，风雨飘摇。香港经济与之息息相关，风云突变，江海倒流，香港能否渡过此劫，成为举世关注的焦点。

亚洲金融危机，可说是国际游资一手酿成。20世纪七八十年代，国际油价两次飙升，石油生产国积累了大量资金。90年代，跨国公司迅速膨胀，资本周转流动，时刻寻找赢利良机。金融衍生工具层出不穷，更为心怀叵测者提供了作案"利器"。国际游资并非散兵游勇，而是联手操作，数额惊人。据测算，其总额高达7万多亿美元。由于它们来如洪水，去如退潮，又被称为“热币”，对国际金融市场冲击堪巨。1987年全球股灾，1992年英镑、里拉狂跌，1995年墨西哥金融危机，都是国际游资在兴风作浪。

当然，国际游资光顾亚洲能频频得手，与其金融方面的缺失有直接关系。东南亚这些新兴工业国，为了与西方一争高低，金融全盘自由化，以吸引外资，尽快提升国力。金融市场之门大开，监管措施却未跟上，埋下了金融安全隐患。外资涌入，泥沙俱下，良莠难分。少部分置业办厂，多数却涌入汇市、股市、期市以及房地产市场，搅出泡沫经济的繁荣假象。

国际游资，特点就在“游”，它们飘忽不定，仗着雄厚的资金实力，在金融市场轮番坐庄，杀低买进，拉高放空，赚得盆满钵满，然后扬长而去。对此，东南亚诸国也曾入市干预，却是有心杀贼，无力回天。原来，长期泡沫经济，导致出口竞争力下降，对外贸易持续逆差，而这些国家的货币，大都与美元挂钩，如此一来，本币便被高估。为了维持二者之间的固定比价，央行不得不抛出外汇，储备渐渐被掏空。国际游资掩杀过来，央行拿有限的外汇储备去拼，几个回合下来，弹尽粮绝，不得不弃城而降。

值得回味的是，国际游资四处点火，可为何不对香港贸然下手？如今看，得归功于香港的联系汇率制。该制度始于1983年，时值中英香港问题谈判受挫，岛内纷纷抛售港币，换取美元，以防日后生变。为恢复公众信心，港府宣布，港币与美元挂钩，从当年10月17日起，实行1美元兑7.8港元的联系汇率。发钞银行增发港币，须有百分之百的外汇准备，按照1∶7.8的固定比例，向外汇基金缴纳美元。港币回流后，可按相同比例，再将美元赎回。

可见，香港的联系汇率与周边的固定汇率不同，在其内部有两个自动平衡机制：港币若受到冲击，或者资本外逃，将会使外汇（主要是美元）减少，发钞行就得向外汇基金交回港币，赎出美元，这将减少港币供应，港币和美元比例重新趋向平衡。如果投机者在汇市抛售港币，港币汇率低于1:7.8，发钞银行会到外汇基金兑出美元，到汇市套利，美元供给增加，港币汇率相应提升。除此之外，还有一条至关重要：香港区区600万人，却坐拥近900亿美元，外汇储备位居全球第三，普通投机者翻不起大浪，冲击港币无异于蚍蜉撼树。

以索罗斯为首的国际大炒家，干惯了刀头舔血的营生，吃柿子先挑软的，将东南亚诸国枪挑落马后，开始积蓄力量，觊觎时机，准备到香港虎口拔牙。索罗斯并非等闲之辈，1992年他曾只身大战英伦，狙击英镑，狂赚10亿美元，英镑全线溃败，退出欧洲汇率体系。有人为索罗斯算过一笔账，他的“量子基金”创建三十年间，年均回报率达35%。也就是说，1969年向该基金投入1000美元，三十年后再取，本息将超过200万美元。

尽管如此，对于香港，索罗斯们却绝不敢小视，他们先投石问路，到外汇市场小试牛刀，以探虚实。1997年10月21日，众炒家登陆伦敦汇市，抛出价值近60亿美元的港币，将港币对美元的汇率压过了1:7.75的警戒线。次日，香港恒生指数下跌10.4%，10月28日再度狂跌13.4%，港股总市值减少2.1万亿港元，香港人均财产减少35万港元。特区政府洞若观火，很快识破了投机者的底细：他们使用的伎俩，是从香港银行拆借港币，再拿到海外市场上抛售。于是，特区政府略施小计，提高拆借港元的利息，一举切断炒家粮草供应，使其赔上巨额利息，仓皇而逃。

偷鸡不成反蚀米，投机者岂能善罢甘休？他们处心积虑，布下连环套：第一步，短时间内大量抛售港币，迫使港府提高利息，香港股市必将出现几天狂跌；第二步，在香港股票期货市场，提前买下恒生指数看跌单，只要时间掐算准确，期指跌一个百分点，一张单就可赚50港元。

1998年5月，国际游资开始大肆反扑，他们兵分三路，高卖低买、拉长补短，向香港汇、股、期三市同时发难：从香港银行拆借巨资，打压汇市；尽数抛出股票，将股市放低；在期市预订大批指数看跌单，只等港府乖乖就范，束手被擒。联系汇率制上中下三路同时接招，渐感不支。港股如“过山车”急转直下，金融大鳄计谋得逞，不义之财滚滚而来，喜极之下，口出狂言，要把香港当作他们的“超级提款机”。

财富流失、经济下滑、社会震荡，刚满周岁的特区政府面临严峻考验。检点联系汇率制度，尽管还未尽善尽美，却事关香港金融稳定，不可轻言废止。国际游资登着鼻子上脸，无非是因为料定，崇尚金融自由的香港，绝不会改弦易辙，进行金融干预和管制。然而，世易时移，变法宜矣。面对炒家的猖狂进攻，香港政府下定决心，干预市场，捍卫港元，保护港人利益。

1998年8月14日，港府调动巨资，突然出击，与金融大鳄短兵相接。此时，恒生指数已在半月内下跌近一万点，政府放开买进，大手托盘，恒指一洗颓势，五天内飙升1292点。8月

28日，是恒生期指交割日，也是双方决战决胜的时刻，胜负成败，在此一举。开市5分钟，易手股票超过30亿港元，半小时内成交量突破100亿港元。

尽管大鳄们孤注一掷，恒生股票和期指还是岿然不降，到下午4点收盘，恒指在“7829”点上稳稳打住。炒家兵败如山倒，最终铩羽而归。为了救市，特区政府动用了资金1180亿港元。国际炒家机关算尽，结果反误了卿卿性命。据称，仅索罗斯就赔了8亿美元。

发展是硬道理

6

湖南新工业化梦想

大约两个月前，湖南卫视的记者来访，让我就湖南新型工业化发表评论。过了几天，《三湘都市报》记者再访，话题也是新型工业化。上个月收到湖南省政府公函，邀我赴株洲参加“新型工业化论坛”，看来，湖南走新型工业化的路，省领导是下了决心的。省内几家媒体一起开动，意在多方沟通、达成共识。

作为湖南人，自然关注湖南的事。二十多年前离开家乡，之后回去不多，偶尔有机会，也是来去匆匆，对湖南没太多发言权。人贵自知，没有调查，本不应妄加评论，然乡情所系，还是忍不住要说。不指望对家乡有多大贡献，但把自己的看法写出来，相信不至添乱吧。

湖南是农业大省，有名的鱼米之乡。湖南人会种田，能人辈出。全国植棉模范唐纯银，杂交水稻之父袁隆平，都是湖南人或在湖南工作。我年轻时在老家种过地，深知农民的辛苦，而且一直认为，湖南农民吃苦耐劳，天下少有。在北方，粮食一年种一季，而湖南则种两季、甚至三季。"湖广熟，天下足"，去年湖南粮食产量占全国的7%，足见对于国家的粮食安全，湖南举足轻重。

不幸的是，古往今来，农业都是薄利产业。无农不稳，无工不富，尽管湖南对全国的稳定功不可没，但若按人均收入算，湖南的排名却远远落后了。其实，早在三百年前经济学老祖宗威廉·配第就说，"从业之利，农不如工，工不如商"。由此看，湖南今天要改弦更张，靠"新型工业化"富民强省，不仅想法对，而且从经济学方面论，可得一百分。

我本人赞成湖南搞工业化，是从农业的角度看。当下，新农村建设龙精虎猛，很热闹。但国际经验说，农村不是要做大，而是要做小。而且建设新农村，重点不在修路盖房，而在农民增收。我一贯的看法，农民要致富，必须靠规模经营，不然，地少人多，想致富是痴人说梦。难题在于，若土地一旦规模经营，农业劳动力必会剩余，多出的这些人咋办？答案只能是转向工业。所以，做大工业不仅事关城市繁荣，而且也是富裕农民的法门。

当然，湖南经济底子薄，传统工业起点低，先天不足，搞新型工业化的难度可想而知。不久前，湖南省省委书记张春贤同志来党校学习，我们交流过，给我的感觉，他对湖南的新型工业化，成竹在胸，志在必得。他的观点，湖南搞新型工业化不单是信息化，主要任务是用新技术提升传统产业。读过他的文章，他把新型工业化诠释为三高两少：即高效益、高科技、高就业，能耗少、污染少。

是的，新型工业化并非仅信息化一途。综观天下，发达工业化国家，除美国之外，其他也不以 IT 业为主打。英国的强项是金融服务，德国是机械制造，日本是终端消费品。中国是发展中国家，湖南又是相对落后的省份，走新型工业化的路，自不可好高骛远，不切实际。

要讨论的是，湖南的主导工业如何定位？从分工理论看，亚当·斯密强调绝对优势，而李嘉图强调比较优势。绝对优势是自己与别人比的优势，比如织布与酿酒，织布我不如你，但酿酒我好过你。故酿酒是我的绝对优势，织布是你的绝对优势。比较优势不同，是自己与自己比。织布与捕鱼，也许两者我都不如你，但相对自己说，我更擅长织布，你更擅长捕鱼，于是你专事捕鱼，我专门织布，李嘉图说，如此分工的结果，一定是双赢。

回到现实，要紧的是要弄清楚湖南的优势。不是泼冷水，依我看，湖南与周边比，绝对优势并不多，数得上的是农业与文化产业，就工业论，充其量也就是有色金属冶炼与动力机车制造。不过尽管如此，湖南也不必灰心，因为从比较优势看（省内自己比），强势产业一目了然。比如“三一重工”、“中联重科”、“山河智能”、“千金药业”等，都是高成长企业，只要咬住青山不放松，待以时日，工业化必有大成。

另有两点重要：一是规模效应。新型工业化呼唤创新，而熊彼特说，巨型公司才是推动创新的乐师。所以从企业层面讲，必须做强龙头；在中观层面，要以骨干企业为轴心，推进产业延伸与产业集群；在宏观层面，要加快“长株潭”经济一体化。

二是服务体系建设。工业不是独行侠，发展工业必须有金融、物流、商务的配合。俗语说，兵马未动，粮草先行。服务业滞后，迟早要拖工业的后腿。

有个大胆的建议，湖南人杰地灵，文化产业起步早，旅游资源得天独厚，倘能对全省旅游资源加以整合，用文化去包装，旅游业的品位必将大大提升。“电广传媒”能成功上市，一档“超女”能风靡全国，那么凭借湖南人的智慧，让文化、旅游与工业联手，说不定还能捕捉到意想不到的商机。

最后一点忠告：推动新型工业化，企业是主角，政府虽不能置身事外，但也不可越俎代庖。美国当年工业化的经验，是政府只当“助推器”，不当“发动机”。政府既不下指标，也不办企业。政府所做的只是筑巢引凤，搭桥铺路，戏得由企业自己唱。要记住，经济发展有自身的规律，切不可拔苗助长。欲速则不达，急于求成往往会弄巧成拙。

政府要有所不为

中国改革开放，广东是排头兵，领跑经济数十年，对国家贡献大，有口皆碑。然而风水轮流转，近些年长三角地区后来居上，超过了广东。而广东也并非等闲之辈，岂能甘拜下风？曾两次应邀赴广州参加省长座谈会，对省府高层求新图变的决心深有感触，两次座谈，正副省长全到场，求计若渴，可钦可叹。

上月举行的省长座谈会，主题是转变经济增长方式。是的，面对资源与环境的约束，广东要重铸辉煌，必须推动经济转型。倘若继续粗放经营，能耗高、污染大，时间一长，广东的竞争优势将消失殆尽。因此，改弦更张，加快产业升级转向集约经营，是正着。毕竟广东开放得早，家底厚实，人才济济，只要路子走得对，要保持经济强省地位当不在话下。

问题是，转变增长方式，中央强调多年，广东为何会走慢一步？黄华华省长三年前有篇讲话，专论经济转型。讲话高屋建瓴，目标明确，思路清晰，措施也可行。遗憾的是知易行难，三年来广东经济转型虽有亮色，但效果却不尽如人意。何以如此？我首先想到的是官员的政绩观。

经济学的利益最大化原理，颠扑不破。官员的利益最大化，当然是提升晋级，官员提升，得要有政绩，虽说政绩不单是GDP，但没有GDP则难以看出政绩。所以，地方官员对高投入、高产出的经济增长情有独钟。事实上，当下地方的行政级别，就与GDP大有干系。比如深圳、广州是副省级，为何韶关不能是？原因很多，但不可否认，经济总量大小肯定是原因之一。

另一方面是政府的不当干预。节能是明显的例子。由于能源短缺，所以政府要求节能。经济学说，短缺的商品应涨价。可奇怪的是，能源短缺，价格政府却不让涨。其实，国内企业千差万别，能耗高不高，政府说不清，也管不了，关键在能源价格。只要放手让市场调节，价格高了，企业自会精打细算，用不着政府操心劳神。现在的麻烦是政府既要求节能，但又管制价格让企业廉价耗能。自相矛盾，天下哪有这般道理？

由此看，推动经济转型，政府应尊重市场规律。今非昔比，如今是市场经济，经济活动的主体是企业。所谓转变经济增长方式，说到底，是转变企业的增长方式。企业不转，政府想转也转不成。困难在于，企业的目标往往不同于政府，甚至有时会大相径庭。比如，政府追求资源节约、环境美好；而企业追求的是利润最大化，只要能赚钱，能耗再高企业都会义无反顾。怎么办？惯常的做法是政府干预，但这样做不仅行政成本高，而且容易滋生腐败。

假如由政府直接给企业规定能耗指标，由于行业不同，企业装备不同，对政府来说，将是一项浩繁的工程。更严重的是，政府给定指标，主事官员一言九鼎，那么企业就会去笼络那些官员。如此一来，官员创租，企业寻租，上下其手，节能势必流于形式。想当年，政府要控制城市人口，于是就有人去买户口。今天政府要控制能耗，谁敢保证企业不去官员手里买指标?

我一贯的看法，转变增长方式，政府要有所为有所不为。可为的是调节市场，不可为的是点对点地干预企业。具体有四条。

首先，能耗高低不要管，但废污排放一定要管。说过了，企业能耗多少是企业的事，政府不必过问。只要把能源价格放开，企业节不节能悉听尊便。如果能耗过高成本大增，收不抵支，它们自会考虑节能。但排污不同，它破坏了公共环境，增加了社会成本，所以政府一定要管住管好。

其次，企业关转不要管，但扶持创新企业一定要管。物竞天择，适者生存。不论企业生产什么，是传统产品还是新型产品，政府不必去管，用行政手段关转企业，总归不是明智的办法。要知道，市场需求是多元的，有人喜欢油画，有人喜欢国画，各取所需，都有存在的理由。即便淘汰落后，那也得由市场出面。政府要做的就是通过产业政策扶持高新技术产业，因为科技创新关系国家的竞争力。

再次，企业大小不要管，但安全生产一定要管。流行的说法，企业要做大做强。大而且强，当然好，但事实证明，大不等于强，小不等于弱。大有大的优势，小有小的好处。科斯说，企业的边界取决于交易费用。可推出的含义是，企业规模由成本约束，不可拔苗助长。因此，政府不可通过行政拉郎配做大企业，而应把精力放在安全生产的监管上。

最后，企业内部的分配不要管，但社保一定要管。企业是经济主体，要追求利润最大化，故企业分配必贯彻效率原则。假若政府越俎代庖，给企业规定最低工资，结果不仅会削弱对外竞争力，还会导致更多的人失业。经济学说，工资是劳动力的价格，既然是劳动力之价，那就得由劳动力的供求定，无须政府插手。政府要管的是劳动者社保。只要社保落实了，稳定则无后顾之忧。

转变增长方式，政府不能不急，也不可太急。俗语说，心急吃不了热豆腐，何况经济发展有自身规律，指望一蹴而就、毕其功于一役，是不切实际的幻想。政府与其亲力亲为，还不如多研究市场规律，因势利导，顺水推舟。愚见以为，政府的当务之急是让 GDP 与政绩彻底脱钩，用人导向一变，经济转型必有奇效。

统筹城乡三大重点

经中央批准，重庆要作统筹城乡发展的“试验区”。顾名思义，我推测中央有两层意思：一是希望重庆能开动脑筋，放手探索；二是鼓励成功，也容许失误。换言之，中央给了重庆特许权，凡能推动城乡经济一体化的办法，都允许试，成功了总结经验，失误了吸取教训。

这让我想到“经济特区”的例子。当年中央办经济特区，特区特办，中央不光给钱，而且在政策机制上给更大的自主权。很多人以为，深圳经济特区脱颖而出，靠的是上头给钱。不否认，给钱有作用，但更重要的是有灵活的政策与机制。想想吧，东北老工业基地振兴，国家也拿了钱，可为何难尽如人意？归根结底是旧的机制还没根本改变。

今天重庆要统筹城乡，前无古人，是篇大文章，怎样破题？我的看法，关键也还在机制。7 月底与同事到重庆调研，和当地官员交流，身临其境，对统筹城乡的难处有感受。大体讲，棘手问题有三个：一是农民要增收，耕地如何集中；二是农民变市民，城镇化如何提速；三是兴镇先兴业，工业化如何起步。

统筹城乡，重点在以城带乡。中央提出“工业反哺农业，城市支持农村”，是方向，不会错，问题是如何落到实处。政府用行政手段下指标、压任务，短期或许见效，但长期看，硬按牛头强喝水，非长久之计，不可取。可取的法门是用市场机制实行利益互补、城乡共赢。唯有如此，统筹城乡方能如鱼得水，事半功倍。

靠市场机制统筹，最重要的一点是尊重各方利益。经济学讲利益分配，理想状态是帕累托最优，意思是说，利益分配要达到这样一个状态：若不损害张三，则无以惠及李四。可真实世界里，这种状态很少见，退而求其次，是帕累托改进，即增加一部分人的利益而无损另一部分人的利益。比如农村家庭联产承包，农民利益因此改进，而城镇居民却毫发不损。

是的，实现帕累托改进，是统筹城乡的底线。中国农业人口多，城乡差别大，要缩小这种差别，不可限制城镇居民收入，也不能简单地抽肥补瘦。恰恰相反，是要在稳步提高城镇居民收入的同时，大幅提高农民的收入。农民如何增收，经过多年探索，大家的共识是规模经营。现在的问题在于，用什么办法让耕地集中。农民用耕地入股是一法，但入股要共担风险，少数人愿意，多数农民未必肯这么做。

我所想到的是土地银行。古往今来，中国农民宁可撂荒，不可失地。倘若政府出面办土地银行，接受进城农民的土地存放且提供固定收益，然后把土地成片地租出去，这样一石二鸟，规模经营自可水到渠成。另一办法是用社保换责任田。有些农民进城多年，耕地至今不放弃，为什么？原因是他们没社保，有后顾之忧。若政府能提供社保，置换耕地应该不是难事。

农业一旦规模经营，必有大量劳动力剩出，而多出的劳动力，只能向城镇转移，由此看，推进城镇化势在必行。说过多次，推进城镇化与建设新农村并行不悖，城镇化不加快，不能吸纳农村剩余劳动力，农业规模经营会举步维艰。要研究的是，城镇化不仅要占地，而且要有投入。对西部来说，地的问题还好办，土地整理，或用城镇住房换宅基地，总能想出办法。麻烦在资金，西部财政拮据，没有资金，城镇化无疑是纸上谈兵。

钱很重要，巧妇难为无米之炊。不过换个角度想，政府没钱，难道市场也缺钱？传统观点说，城市基础设施是公共品，要由政府投资。可最近去湖南考察，那里的城镇开发却大量引入民营资金。比如双峰县，近三年县城扩大了一倍，而政府却分文未掏。他们的做法是借鸡下蛋，即先让民营企业垫资在新规划的城区修路，公路贯通后，地价立即飙升。政府所得的土地溢价收入，除了偿付民营企业垫款与利息，还用来投入教育、医疗和社保，一举多得，岂不妙哉！

当然，城镇化不仅是修路盖楼，农民进城后要有事做，那么，工业化就必须跟进。要提点的是，中小城镇发展工业，应立足本地优势，围绕农业搞深加工，切忌好高骛远。造汽车的利润是很诱人，可不是任何城市都能造汽车。其实，从经济学立场看，没有落后的产业，只有落后的技术。农业是传统产业，但袁隆平搞的却是高科技。加工业也如此，若引进新技术，农产品加工也一样前景无限。

发展农产品加工业，关键要有一批龙头企业，这既可依托本地民企，也可去外地招商。但有一条，政府只能帮忙，不要当老板。过去政府办企业有教训，痛定思痛，不应重蹈覆辙。另外，为拓展就业，服务农业，政府还应支持发展服务业，要利用城镇的优势，为农业提供产前、产中、产后服务，帮助农民与市场对接。同时，随着农转非进程加快，职业培训需求大，在起步阶段，政府也应出手扶持，待时机成熟，再交市场运作。

统筹城乡是一项系统工程，头绪多，牵涉面广，政府需通盘谋划。前几天，有重庆的官员打来电话，说他们正在紧锣密鼓地制订方案，希望听听我的意见。思之再三，于是择其要点把自己的想法写出来，是急就章，公之于众旨在提请社会各界对城乡统筹多多关注。

耕地占补应全国平衡

中国人口多，吃饭是大事，迫不得已，国家所以要出台严厉政策保护耕地。但换个角度看，中国是发展中国家，无农不稳，无工不富，无工业无大成，经济要有可观的成就不容易，若想追赶发达国家，更是希望渺茫。困难的是，发展工业非空中建塔，占用耕地势所难免。两难选择，鱼与熊掌要兼得，怎么办？

最近一个月，我先到重庆、陕西调研，后去广东，再赴东北。天南地北地看，所到之处，城市建设龙精虎猛，工业化气势如虹。但与地方官员座谈，普遍的反映是当下发展工业无地可用，土地成了掣肘工业的瓶颈，所以大家希望中央能网开一面，对现行耕地政策做些松动。有的地方千辛万苦招商引资，现在万事俱备，可就是手中没地，等米下锅，当然是心急如焚。

我理解地方官员的苦衷，其实，中央政府也并非没看到这一点，比如允许地方自行整理土地实行占补平衡，就是为地方发展工业开绿灯。成都是很好的例子，政府集中建居民小区，请农民住进楼房，而农民原来的宅基地改作耕地，耕地扩大了，土地置换，则可将城郊耕地用于工业。只要耕地总量不减，政府便有一定的自主调剂权。

可见，占补平衡有原则又有变通，是个两全之策。尤其是中西部地区，工业滞后，耕地整理大有可为。麻烦在东部沿海，工业起步早，能整理的土地少，占补平衡的回旋余地不大。可是从投资收益看，东部投资环境好，兼具资金、技术、人才优势，发展工业得天独厚。于是就带出一个问题，东部搞工业优于西部，那么中央政府能否把“占补平衡”政策放宽，从省内平衡推到全国？

一年前，上海有官员在中央党校学习，恰好与陕西分管农业的副省长同班，两人商议，由上海出资，在陕北黄土高原闸沟造地，所造耕地归当地政府，而用地指标则转给上海。如此一来，陕西多了耕地，上海有了用地指标，各得其所，一拍即合。可按现行政策，耕地占补只能省内平衡，跨省调剂既无先例，也无章可循，国土部门不肯表态，事情最终只得搁浅。

其实，政策是人定的。这些年，政府调整政策的例子不少见。问题是，当下耕地允许跨省平衡是否会有不良后果。比如说会不会冲击国家的粮食安全，未雨绸缪，中央政府当然要慎之又慎。不过我判断，国家现在不放宽政策，主要的担心还不是粮食安全。逻辑上说，不论省内平衡还是跨省平衡，只要保证平衡，耕地总量不变，就不会危及粮食安全。

中央政府的担心，可能在区域差距。摆明的道理，农业的收益低于工业，西部若把用地指标让给东部，自己的工业不发展，经济怎可能后来居上？再有，东部多了用地指标，发展工业如虎添翼，而西部却专事农业，天长日久，与东部的差距必将越拉越大。由此看，中央政府不松口，不鼓励耕地跨省平衡，说到底，就是希望西部能利用好土地政策，急起直追，把工业搞上去。

值得讨论的是，西部真有必要大规模发展工业吗？站在西部的立场看，当然有必要。既然工业比农业赚钱多，西部要发展工业，理所应当。不过从全国产业分工的角度看，答案却不肯定。经济学说，分工能产生效率。东部的绝对优势在工业，西部的绝对优势在农业，若按绝对优势分工，东部多搞工业，西部多发展农业，全国生产率会提高，国民财富会大增。

再有，从生态与环保的角度看，西部大举搞工业也未必明智。现实情况是，西部缺资金，要发展工业必须靠招商引资。可西部的投资环境，目前明显不及东部，人往高处走，若想让东部企业西进，除非人家看中了你的资源，要不就是东部将要淘汰的劣势产业。不然，他们怎会抛家舍口跑到西部去？我曾到过西部不少地方，发现所引进的项目不仅多数科技含量低，而且有污染，破坏了当地生态环境，算总账，得不偿失。

照此说，西部不宜发展工业，那岂不是要甘居贫困？非也！我的看法，只要用好市场机制，西部把用地指标转予东部不一定会吃亏。这里的关键条件有三个。

第一，中央政府应设立全国性耕地占补指标交易中心。有了这个中心，东部要用西部的占补指标可以，但必须去交易中心竞买，由于指标供不应求，价格一定不菲，而西部转让指标所得收入，可参股投资东部的工业。

第二，不仅耕地可全国占补平衡，而且工业废气排放也应全国平衡。国家只需控制总量，并按国土面积将排放指标分配到各省区市，如此一来，东部工业发达地区排放若超标准，那么就得去西部购买指标。设想一下，只要排放指标允许公开拍卖，对西部工业欠发达地区，也肯定是一笔不小的收入。

第三，改增值税为消费税。当下各地热衷于搞工业，说到底是利益驱动。比如现行税制以增值税为主体，而增值税是在生产地纳税且四分之一留当地，所以各地都有上工业的冲动，争先恐后，大家争的不过是税收。若把增值税改为消费税，产品卖到哪儿就在哪儿纳税，然后由中央与地方分成，这样利益共享，西部何须不顾客观条件上工业呢?

顺便说一句，我主张耕地占补全国平衡，意在提高耕地占用的效率，而不是反对西部搞工业。西部具有竞争优势的工业，当然要上，尤其是农产品加工业，不仅应当上，而且要大上快上。问题是那些不具优势的产业，西部则不必跟东部争高低，扬短避长，终归不是可取的办法。

制度与规则

7

交易费用与产权安排

产权问题历来敏感，争议也大。当年为避免争论，邓小平曾说不要问姓“资”姓“社”。老人家一言九鼎，力排众议，为改革赢得了时间。令人困惑的是，时至今日学界却对产权改革讳莫如深。我无意挑起争端，尽量避开所有权，重点谈交易费用与产权安排问题。

话虽如此，但要真正讨论到产权，所有权却很难回避得了。不是说产权与所有权不能分开，而是在很多人看来，两者就是一回事。前些年有人对产权改革颇有微词，说产权清晰就是搞私有化，望文生义的批评，我当然不赞成。不过，要把问题说清楚，还得对所有权与产权概念做交代。

在现代经济学里，所有权与产权，不仅能分离，而且并行不悖。留心观察，现实生活中一项物产所有权属张三、产权归李四的现象不少见。比如银行的信贷资金通常来自储户存款，这些资金的所有权是储户的，可为何银行不征得储户同意就可按自己的意愿放贷呢？原因是银行通过支付利息，从储户那里购得了资金的产权。由此看，产权不同于所有权，可以各有所属。

是的，所有权强调的只是归属，是法权；而产权则是指除了归属权之外的其他三项权利，即财产的使用权、收益权与转让权。所谓产权清晰，只是将此三项权利界定清楚，与所有权无关，而且所有权清晰，产权却未必清晰。

举个例子，张三、李四相邻而居，北院是张三的私产，南院是李四的私产。有一天，张三在自家院子里焚烧垃圾，北风将烟尘刮进李四的院子，起初李四好言劝阻，可张三置若罔闻，结果两人大打出手。何以如此？是产权不清晰。当初张三建房时，法律并没规定在院子里不能烧垃圾，而李四建房时，法律也没承诺他有不受污染的权利。

从上例可见，尽管南北两个院子分属张三和李四，皆为私产，所有权很清晰，但产权界定并不清晰。于是这就带出一个问题，产权不清晰，会引起相关当事人的摩擦，要避免摩擦，就必须明确界定产权，那么，产权应该如何界定呢？

美国经济学家科斯说：“若交易费用为零，产权界定清晰，无论产权界定给谁皆不影响经济效率。”所谓交易费用，顾名思义，是指利益各方为达成某项交易而产生的协调费用。如用于谈判、通信方面的花费，请客送礼的开销，调解纠纷的行政费用或法律诉讼费用等。总之，除生产费用之外的一切费用，都统称为交易费用。

假如科斯的前提成立，结论肯定对。说我亲眼所见的例子。

多年前，我曾赴湖北某企业调研，见厂门口有十余人静坐，问原因，工厂主事人告诉我，静坐的都是周边居民，他们生病认为是工厂排烟所致，故要求厂方报销医药费。按科斯的理论，解决此纠纷不难。如果政府能明确居民有不受污染的权利，那么工厂就得安除尘器；相反，如果明确工厂有排烟的权利，那么居民就得集资替工厂安除尘器。

问题是，交易费用为零是个理论假设，除了鲁滨逊一人世界，真实生活里几乎不存在。还是上面的例子，假如政府把产权界定给工厂，居民花钱给工厂安除尘器，可工厂的头头说，安除尘器可以，但得给工厂一些好处费，不然不让安。于是就产生了交易费用，若交易费用过高，后果有两个：一是维持现状，居民继续受污染；二是居民不堪忍受，到工厂寻衅滋事。

很明显，一旦有了交易费用，产权界定必受交易费用的约束。或者说，产权如何界定，必须顾及交易费用的高低。想想吧，当下政府为何要求企业节能减排？从产权角度看，这实际上就是限制企业排污权，而把不受污染的权利界定给居民。政府这样做，一方面是保护环境，另一方面也是考虑交易费用。因为把产权界定给居民，交易费用比把产权界定给工厂要低得多。

类似的例子：交通法规定，机动车在人行道撞伤行人要负全责；在机动车道伤人也要赔偿。为什么？因为把产权（安全保障权）界定给行人，不仅交易费用低，而且可减少交通事故。还有，国家规定不许强行撤迁民宅，原因也是保护民宅的交易费用低。如果民宅不受保护，允许强行撤迁，那么引发的社会矛盾会层出不穷，政府管理的交易费用将不堪设想。

相反的例子，是农民的耕地产权。国家规定，农村土地承包经营权长期不变。可现行承包经营权，只含使用权与部分收益权，转让权并未界定给农民，所以近年来强征农民土地的事时有发生。农民不服，于是就上访，有的地方甚至还闹出了人命。假如国家能明确规定，土地产权（包括转让权）归农户，卖与不卖或按什么价格卖，一切均由农民自己做主，政府处理土地纠纷的交易费用就会大大降低。

最后让我归纳本文要点：第一，产权有别于所有权，明晰产权不等于要改变所有权。第二，公有制产权不清晰，私有制产权也同样不清晰，因此产权改革未必要搞私有化。第三，产权包含使用权、收益权、转让权，明晰产权就是要将此三权明确到个人。第四，产权做何种安排，最终应以节约交易费用为依归。

成都“地权改革”的意义

最近赴云南考察，原本没有去成都的计划。公务结束，与几位同行在丽江分手，忽然灵机一动，便买了机票飞成都。去过成都多次，这回旧地重游，当然不为看山水，我所关心的是成都的“地权改革”。3月份到都江堰，听说那里正搞“耕地确权”，和市领导见了面，也有交流，不过那时刚起步，具体做法尚在摸索，于是决定跟踪，不料碰上“5·12”汶川大地震，跟踪只好搁浅。

天不遂人愿，但对成都的“地改”一直耿耿于怀。研究“三农”多年，深知此举的分量，且不说是惊天动地，但它将载入中国改革的史册，无疑问。小平同志当年讲，农村改革有两次飞跃：一是家庭联产承包，一是规模经营。经验表明，联产承包能解决农民的温饱，但农民要致富，没有规模经营不行。简单算账，当下农民人均耕地1.4亩，无论种什么，农民收入

都难有大的改观。

当然，政府可出台惠农政策。这些年，政府已先后推出的政策有按保护价收购农民余粮、停收“三提五统”、粮食生产综合补贴、免征农业税等。然而令人遗憾的是，农民收入至今仍在低位徘徊。难题还在于，国家惠农政策几乎出空，靠政策富农似乎已走到尽头，怎么办？两年前曾去河南豫东调研，那里的农民说，一人种一亩多地不能富，但一人种20亩，收入便可就地翻番。

是的，按每亩纯收入500元算，20亩可赚1万元。由此看，规模经营是农民致富的不二法门，舍此无他。问题是要规模经营就得有耕地流转，而耕地要流转则必须明确产权。众所周知，当下政府赋予农民的只是经营权而非产权，不是说经营权不能流转，而是没有产权，经营权流转收益要打折扣，农民的利益得不到保障。

此番赴成都，我重点看了温江区。温江原是一个农业县，2002年撤县改区，近五年，温江的城镇化走得快。兴镇先兴业，产业发展也很有特色，更可喜的是，城镇化带动了农转非，农业人口从2003年的80%骤降至40%，农民人均收入过6000元，五年增一倍，了不起。而困扰温江的是，农民收入已高出全国平均水平，下一步如何增收？按照市委部署，他们把眼光投向了“地权改革”。

我在温江做了实地考察，也召开了座谈会。尤其是座谈会，区委、区政府很重视，主要头头都到齐，会上他们反复解释的一个问题是“耕地确权”不是私有化。我当即表示同意。其实本人多次说过，产权不同于所有权。所有权是法律上的归属权，

而产权是指财产的使用、收益分享与转让权。明确耕地产权，所有权可以不动，照旧归集体，只是将耕地的使用、收益、转让权确定给农户，与私有化不挨边。

值得讨论的是，农民增收为何一定要对“耕地确权”？大家各抒己见，我归纳各方观点，主要理由大概有以下四点。

一、现在承包制给农民的只是耕地经营权，而非产权，政府说承包权三十年不变，顾名思义，讲的仅是使用权，并不包括转让权。于是带来一个问题，农民目前的承包地将来是否会被征用，政府没承诺，农户更没底。俗语说，恒产者恒心。农民没有转让权，耕地就算不得自己的资产。如此，农户自是不肯在耕地上做长期投资。近三十年，农田基础设施每况愈下，与耕地产权缺位应该大有干系。

二、由于农户没有耕地产权，收益权也朝不保夕。表面看，国家免征农业税，土地收益悉数归农户，但想多一层，若一旦土地被征用，农户必是吃亏的一方。农民没有转让权，土地卖或不卖，政府一言九鼎，农民说了不算。尽管政府会给一定补偿，但标准也由政府定。从当下的补偿看，标准普遍低于市价。有些农民不服，四处上访，可转让权不在农民手里，就算对簿公堂，农民也赢不了。

三、多年来农民融资难是一个不争的事实，但奇怪的是，从商业银行系统看，农民却贷少存多。何以如此？不少人批评银行不肯给农民放贷，其实，银行也有苦衷。在商言商，由于放贷有风险，故必须要求债务人有财产抵押。而农民除了承包地几无财产，没有抵押，银行自是爱莫能助。有人问，银行为何不让农民用土地作抵押？我的看法是农民没有耕地产权。试想一下，假如你借钱给别人，你会接受对方用没有转让权的财产作抵押吗？你不会，银行也不会。由此看，要拓宽农村融资渠道，赋予农民耕地转让权乃当务之急。

四、对土地承包三十年不变，农民欢迎。为了稳定土地承包，现行政策都是生不加、死不减。短期内问题不大，但时间一长，就会纠纷百出。人口减地不减，新出生的人没地种，这些人何以生存？温江有一个做法，就是将耕地产权股份化。这有两个好处：第一，农民可以股权为纽带，搞规模经营。第二，耕地股权化后，将来人口变动，股权可作相机调整。有人离开或死亡，股权就可调给新出生人口。这样双管齐下，既解决了人口变动带来的矛盾，又不必重新分配耕地。

今年是改革开放三十年，回望改革，一个基本经验是突破在地方，规范在中央。成都“地权改革”，无疑是中国农村改革的新突破。不必说，作为新事物，目前肯定还有不完善的地方，但我们不应求全责备。刚与温江区委书记李刚通电话，他告诉我温江第一批产权证将于 8 月底前发至农民手中。令人振奋的消息，愿成都地权改革一路走好！

产权安排与资源争用规则

我知道的经济学家，大多是不主张管制价格的。因为市场配置资源，价格是信号，能自动调节供求。比如，某物品价格上涨，表明该物品短缺，这就等于在告诉消费者，要节约该物品的耗用；同时，它也告诉厂商，提供该物品有利可图，应多多生产。亚当·斯密“看不见的手”，说的就是这种价格机制。

中国改革开放三十年，人们对价格机制耳濡目染，不陌生。可奇怪的是，很多人至今却对商品价格谈“涨”色变、草木皆兵，要求政府打压价格的声音不绝于耳。能源价格如是，房产价格如是，最近肉禽价格也如是。实话说，我历来主张放开价格，也写过多篇文章，这里再换个角度，即从产权安排与资源争用方面来谈价格。

人所共知，经济学大厦的建立，离不开三个基础性假设：经济人假设、资源稀缺假设与私有产权假设。没有经济人假设，推导行为无所依傍；没有稀缺性假设，研究资源配置多此一举；没有私有产权假设，市场交换无从进行。而且只要人们追求利益最大化，资源就会稀缺，要有效利用资源，就须界定与保护私人产权。

要讨论的是，资源争用与价格到底是何关系？稀缺的资源，想得到的人多，于是就会发生争用。既然是竞争，那么就得有规则，不然胜负难决，分不出高下，资源使用就会陷入混乱。好比骑自行车比赛，既可以比快（力量），也可以比慢（车技）。比快是一种规则，比慢也是一种规则，但不论哪一种，都须事先明确。解决资源争用也如此，究竟谁得谁不得，关键取决于规则。

可以肯定，价格是分配资源的一种规则。举个例子，只有一张从北京飞广州的机票，有两位先生都想得到。一位要去广州看女友，一位要回广州看父母。两位相持不下，都说重要。怎么办？经济学的办法是竞买，让他们出价，出价高者得。因为价格本身代表的是效用，谁出价高，就证明对谁的效用大，故机票究竟对谁更重要，只要一竞价，结果自见分晓。

但这绝不是说，资源分配只有价格一种规则。其实在现实生活中，配置资源的规则五花八门：春运期间火车票紧俏，排队（先来后到）是一种规则；上大学，考分是一种规则；过去计划经济时期分房，行政级别也是一种规则。而且单就规则论，我们分不出优劣。存在即合理，这些规则所以存在，必有它的理由。应追问的是，到底是何因素在左右这些规则呢？

经济学家分析行为，各怀绝技，但说到底不过就一招：约束条件下的利益最大化。比如，若把“规则”看做一种行为，那么在不同的约束下，就会有不同的规则。经济学的任务，就是要回答约束这些“规则”的条件是什么。对此，美国经济学家科斯认为，约束分配规则的是产权安排。而且还说，产权安排也是一种行为，如何选择，最终又受交易成本约束。

让我先说产权安排。举住房的例子，当年计划经济时期，城市住房大多为公有，所以那时候分房，繁琐不堪。我熟悉的一家单位，十多年前盖了三栋住宅，两年建成，可三年分不落定。诸如面积大小，楼层高低，甚至连房间朝向，大家都争论不休，有路子的四处托人，没路子的怨声载道。好事办不好，交易成本极高。后来该单位决定，把分房改为补贴，实行住宅私有。

产权安排改变后，分配规则也跟着变。过去单位分房，主要以职级与工龄为依据。因为住房公有，是福利分房，故只能论资排辈。住宅私有后，规则即转为按货币（出价）分配。楼宇档次，房间大小，地理位置，都可用货币去选择。花钱越多，购买住房的档次越高，面积越大，位置越好。如此一来，以往福利分房的种种弊端不消而退，人际关系也因此变得简单。

从上面的例子，可得的推论：第一，产权安排决定于交易成本，公有、私有不可预设；第二，在私有产权下，按出价高低分配资源最有效，政府不应管制价格；第三，在公有产权下，价格并非配置资源的唯一规则，在某些情况下，政府可以干预价格。

前两点不再说，重点谈第三点。我曾强调多次，对一般竞争性的私人物品价格，政府不必插手，应放手由市场供求定；但对公共服务品的价格，政府却不能坐视不管。公共服务品通常由政府投资，与公众利益攸关，很敏感，所以管制公共服务品价格，政府责无旁贷。这几年，人们对公立医院、学校收费意见大，原因是这些单位由国家投资，却为谋取小团体利益漫天涨价，怎能不挨骂？

另有一种情形，即国家垄断企业。很多人认为，由于垄断企业没有竞争，价格易被人为操纵，所以政府不能不管。比如春运期间的火车票价格，老百姓都希望政府管。因为铁路独家经营，消费者没有讨价的余地。这样说不是全无道理，但我的看法，管制价格不如打破垄断。假如有一天，铁路运输允许多方参与竞争，价格便可放开。

是的，价格是市场信号，若想让市场配置资源，政府就不应管价格。否则，信号失真，资源配置则会章法大乱。事实上，只有由市场供求定价格，价格才能反映供求、调节供求。政府并不比市场高明，用不着包打天下。明知不可为而为之，费力不讨好，何苦来哉？

用一招可减少矿难

近几年煤矿业不太平，事故多，矿难不断。人命关天，于是政府不得不痛下决心关闭私人小煤窑。关闭停产，当然可减少矿难。但问题是关闭了小的，大矿怎么办？如果大矿再出事死人，政府是否要跟着关闭大的？显然，政府这样用行政手段下猛药，虽能治矿难，但对发展经济不是上策。

当下的矿难，多数发生在私营小煤矿，给人的印象，私营小煤矿是万恶之源。其实，这是一种错觉。逻辑上说，矿难事故不仅与企业规模无关，与所有制也无关。起关键作用的是矿主对生产安全的重视程度。与国有大矿比，私营小矿出事多，不是因为它们私营或规模小，而是小煤矿数量多。若从整体看，矿难发生的概率，小矿并不一定比大矿高。

官方的权威数据，2006 年 1 月 ~8 月，单次死亡 10 人以上的特大矿难中，国有煤矿占了 43%。如果把单次死亡人数提高到30人，国有大矿则占绝对多数。这样的结果，局外人怕是想不到。再看国外，美、英、德这些产煤大国，煤矿多是私营，而近几年矿难的死亡人数，加起来还不及我们的三分之一。由此看，矿难与矿大矿小、国有私有无必然联系。

国内矿难频频，说到底是企业追求利润而漠视安全生产。经济学说，唯利是图乃资本的天性。私营小矿主为多赚钱，必千方百计压成本，可投资安全设施会加大成本，挤占利润，毕竟，矿难是小概率事件，不会天天有，矿主如此心存侥幸，自然不肯在“安全”上花大钱，能省即省。退一万步，即使出了事，死了人，不过是赔钱。由于赔偿标准低，对腰缠万贯的矿主来说是九牛一毛，没有切肤之痛。

令人难解的是，国有大矿出资人是政府，按理讲，不会以赚钱为目标，而应重视安全生产才是，可为何也总出矿难？经济学的解释是，国有大矿的管理层也要追求最大化利益。与私营小矿主不同，大矿赚钱虽不归管理层个人，但企业效益好管理层则可加高年薪。再说，虽然他们不是官，却仍有职级，要想晋级提升，就得有政绩。因此，只要任期内不出大事故，把产值利润搞上去，便能一举两得、名利双收。

是的，重生产轻安全，是目前国内煤炭企业的通病。这些年，政府为减少矿难，也算煞费苦心。先是让国家安监总局升格。随后，各地机构增配，扩编增岗。周报、月查、季检、年度考核，层层把关，不厌其烦，而且对国有大矿还实行“一票否决”。事实上，因矿难而被罚、被抓的私人业主，近年来为数不少，而大矿高管被撤职，也时有所闻。可人们为何对安全生产仍掉以轻心？难道非得由政府下令关闭才行？

当然不是。我的看法，目前矿主对安全生产不重视，归总的原因是法律对责任人惩处不力。美国经济学家贝克尔和施蒂格勒创立的 BS 模型指出，除法庭以外的执法体制与效率无关。意思是说，一个好的司法体系，只要有法庭执法即可，不必寻找其他执法方式。而这个结论的前提，是法律对犯法者的惩罚设计，必须具有足够的阻吓力，使所有犯法的人坏处大于好处，得不偿失。

还是举美国的例子。1968 年，弗吉尼亚州的一个煤矿发生瓦斯爆炸，死亡 78 人，这是少有的恶性事故，举国皆惊。不过当年美国政府的处理办法，不是向全国派督察组，而是迅速通过了新的《联邦安全与健康法》，1977 年，又将该法修订完善，更名为《联邦矿山安全与健康法》。这是全面的矿山安全法规，其中很多标准，今天在全世界也是最严苛的。

比如该法规定：对造成恶性煤矿事故的主要责任人，可判终身监禁。不仅如此，矿主还得事先交纳足够的事故处理保证金，对遇难人员的赔偿，高达 100 万～700 万美元，而且还不包括对企业的巨额罚款。该法实施后，立竿见影，美国煤矿事故死亡人数急剧下降。1993 年～2000 年，死亡 3 人以上的事故没有一例。2004 年，仅有 28 人因工伤不治死亡。

回头再说中国。我们最大的问题，是至今尚未有相关的配套法律，无法可依，矿工事故死亡的赔偿，既无标准，而且水平过低，过去仅赔偿几千元，即便最近提高到 20 万元，对矿主来说也是微不足道，根本不会伤筋动骨。《刑法》规定，安全事故责任，最多判刑七年。而在执行中，很多矿主手眼通天，花钱打通关节，获减刑或保外执行易如反掌。正由于法律缺位或惩处不力，无奈之下，政府才不得已动用行政手段，对私人小煤矿一刀切，限期关闭。

难题在于，关闭小煤矿，并不能治本。说过了，是否发生矿难不在矿大矿小，也不在国营私营。政府下令关闭小煤矿，动机好，但简单从事，一关了之，明显地有碍平等竞争原则。再说，多数小煤矿，当初经由政府许可，人家又有合法的手续，现在说关就关，那么矿主的投资谁来补偿？市场经济，要求政府依法行政，朝令夕改，终归不合乎法治精神。

减少矿难，依我看仅需一招，即完善法制。治乱须用重典。不错，唯有严刑峻法，方可警钟长鸣。假若我们学美国的做法，对那些恶性事故的责任人，法律能判他牢底坐穿，倾家荡产。这样利剑高悬，矿主岂敢对安全隐患置若罔闻？要知道，小矿主们不蠢，他们懂得权衡得失，只要生产不安全的成本大于收益，哪有漠视安全生产的道理？

为何要有纪检委

平日少看电视，最近经朋友鼓动，看了电视连续剧《大宋提刑官》，里面刁知县审案一段，印象深，令人感慨。案情其实简单：豆腐小贩之妻突然失踪，刁知县怀疑是被小贩所害。堂审时被告申辩说："您没有证据证明我杀老婆呀！"刁知县答："对啊，但你也没有证据证明你没杀老婆呀！"

历史有惊人的相似。几年前，湖北省佘祥林冤案平反，此事曾被媒体爆炒，沸沸扬扬，当年，法院以杀妻罪判佘入狱，可后来佘妻"死"而复生，于是一桩长达十一年的"杀妻"冤案大白天下。随后，新华社发表评论说，导致这种骇人听闻冤案的原因，是司法诉讼中实行了有罪推定。

是的，佘祥林原本只是有杀妻嫌疑，可司法部门先入为主，毫无根据就先推定他有罪，把人抓起来，而后让他举证为自己洗刷清白。试问，如此怎能不铸成大错？人都被关进了看守所，与世隔绝，孤立无助，他又怎可能拿得出证据来？因此，古往今来，好人屈打成招的事例多得是，举不胜举。

大概是“佘案”错得离谱，法学界就“有罪推定”问题展开了讨论。多数的观点是从保护人权的角度，提出废止有罪推定，转行无罪推定。对这一主张，笔者当然赞成，但同时也有几分担心。为什么？让我先说赞成的理由。

我赞成无罪推定，首先是因为它不会冤枉好人。若从成本与收益看，无罪推定取代有罪推定，也是效率最大化的优选。刑事诉讼，目的无非是惩前毖后，除暴安良。因此，刑事诉讼的收益，说到底是对犯罪的威慑作用。若是推定准确，量刑适当，那么无论有罪推定还是无罪推定，理论上，两者的收益是一样的。

但转从成本看，两者的差别却明显。刑事诉讼的成本有两类：一是错判成本，一是执行成本。所谓错判成本，是指司法错判导致的社会损失。毋庸置疑，有罪推定遵从疑罪从有，其错判率必会高出无罪推定。而一旦好人被冤，司法部门不仅要给赔偿，更严重的是，当事人的身心损害将无以弥补。

有罪推定错判率高，执行成本自然也高。错判会使无辜的人入狱。而监禁“犯人”需要监狱，需要看守，需要教育和管理，这些无疑都要产生费用。有资料显示，我国监禁一名犯人的年平均费用，大约为一万元，如果把建监狱的成本算在内，这个数字会超过一万四千元。而这些成本，在无罪推定下是不存在的。

可见，有罪推定不仅会伤及无辜，同时司法成本也高。但尽管这样，我对放弃有罪推定却心存顾虑。主要一点是针对官场的腐败。比如，若对贪赃枉法者实行无罪推定，就大有可能让某些坏人逍遥法外。尤其在当下中国，官员权大势大，手眼通天，能呼风唤雨，加上作案诡秘，把柄怎会轻易落在别人之手？果真如此，很多贪官岂不会成漏网之鱼？

由此看，在司法体系之外，我们得有补救之法。而现行的做法，则是在党内设立纪检制度。有人说，中国建设法治国家，应该法律面前人人平等，既然公检法一应俱全，就不必再另设一个纪检委。是的，王子犯法与庶民同罪，按理讲，有了公检法，纪检部门似无必要。而且贝克尔－施蒂格勒模型（BS 模型）也说，一个好的司法体系，只要有法庭执法就足够了，不必寻找其他执法方式。

BS 模型说得当然没错，但要提点的是，该模型成立有个前提，就是法庭执法要有最优的阻吓力，使所有犯法的人得不偿失。可现实情况是，有人犯了法，法院却未必能拿到证据，比如行贿受贿，若双方攻守同盟，死不承认，检察官再威严也不能抓人，法律再无情也治不了人家的罪。违法得不到惩处，司法体系又无能为力，你说怎么办？所以设立纪检委，事出有因，并非多此一举。

重要的一点，纪检委不同于检察院，检察院拘留嫌疑人，严格限定 48 小时，规定时间内拿不出证据，就得放人；而纪检委不同，对嫌疑人不是拘留而是“双规”，不仅时限可长达 3 个月，而且是有罪推定。假如某人一旦“双规”，除非他真的清白，不然，无论他多么狡猾，怎样守口如瓶，若不查个水落石出，纪委绝不会善罢甘休。

有个真实的例子。某纪检部门接到举报，告一名官员受贿。

起初，纪委掌握的受贿金额是两万元，将其“双规”后，办案人员多次与其谈话，晓之以理，对方都百般抵赖。可“双规”两个月后，嫌疑人就顶不住了，办案人员给他讲，我们知道你受贿两万元，铁证如山，还是你自己说吧。对方一听纪委只知两万元，于是就交代了两万元。哪知他交代的两万元，不是纪委掌握的两万元。纪委再穷追猛审，最后查清的受贿金额近三百万元。

想想吧，假如没有纪检委，是不是会有不少贪官逃脱法律的制裁？因此我的看法，司法诉讼转向无罪推定后，纪检不仅不可削弱，相反应该加强。那种轻言放弃纪检的主张，是不切实际的空想。其实，中国有自己的国情，不应照搬西方。削足适履，只会给坏人以可乘之机。

立足内需

8

坚守扩需的底线

当今国家间的经济竞争日趋激烈，花样无穷。但看到底，大家争来争去目的仅一个，占领对方的市场。中国经济要高增长，也得扩大需求，因此，参与国际竞争乃可选之策。但要讨论的是，我们扩需的重点应放在哪里？是多一些依赖国际市场，还是把“内需”作为底线？

回顾“二战”之后的经济史，有个不争的事实：所有在战后迅速致富的国家，都是世界市场的受益者。1945 年的欧洲，弹痕累累、满目疮痍，重建家园需要从美国购置大量的设备，相应的资金从哪里来？马歇尔计划是个开端，但也仅仅是个开端，源源不断的后续资金，靠的是欧洲对美的贸易顺差。美国张开其温暖的怀抱，给战后欧洲以极大的抚慰。

与欧洲同样幸运的还有日本。日本是一个资源匮乏的国家，面积狭小，国内市场容量有限，就在六十年前，它也没发达到哪里去。但日本的成功之处就在于，它把握住了世界市场的每一个机会，从中东进口石油，向世界倾泻产品。不到四十年的时间，曾经的战败国就一跃成了世界第一大债权国。其他的像“亚洲四小龙”，以及后来的“亚洲四小虎”，又有哪一个不是靠出口导向型战略起家的？

但是，真理再往前走一步，则可能是谬误。如果有谁认为，凭成功的经验可以一劳永逸，就大错而特错了。1997 年以前，几乎所有的人都众口一词，说 21 世纪是亚洲的世纪。然而，历史却开了一个近乎残酷的玩笑，亚洲的世纪还没有来临，金融危机却抢先到来了。东南亚等来的不是进一步的繁荣和兴旺，而是破产、失业、收入的下降和生计的窘迫！

任何成功的模式都有它成功的土壤。战后的世界格局，是一个冷战的格局。为了对抗共产主义阵营，为了让其盟友尽快富裕起来，以分担日益庞大的军费开支，美国慷慨地对其盟友开放了市场。那个时候的美国太强大了，强大得不附加任何条件。欧洲、日本和亚洲“四小龙”，都是因此而成功的。

然而成功却带来了新的问题，美国人很快发现，那些曾经依偎在他翅膀下面的小鸟，在羽翼丰满之后，不再需要他的保护，而是要与美国人一争高低。于是，美国的策略开始转变，对市场准入提出了越来越多的附加条件。而苏联的解体，又加速了这一转变的进程。共同的敌人不存在了，大家抱团的愿望也就不再迫切。欧洲通过加快共同市场的建设，努力缓解这一转变带来的冲击，而亚洲没有做出任何有效的反应，不得不面对越来越压抑的市场空间。昔日的土壤不存在了，曾经成功的模式，也就不再那么熠熠生辉了。

当今世界三大经济巨人有两个在亚太。因此，中国要走向世界，首先必须融入亚太。而这种融入必须正视一个问题，就是亚太地区畸形的贸易结构。畸形结构的一极是日本，另一极是美国，前者长期保持着巨额的贸易顺差，而后者则是巨额的贸易逆差。位于两极之间的国家，几乎全都是通过美国的逆差来获得美元，支付给日本，以扩大日本的顺差的。问题在于，任何一个国家承受逆差和顺差的能力都有一个限度，美国和日本也不例外。

可以设想，如果把一个人上半身所有的静脉血管都堵住，心脏只能通过动脉向大脑输血，而大脑的血液却不能往心脏回流，将会出现什么样的后果？用不了多长时间，心脏就会衰竭，而大脑将要爆炸！国际贸易也是这个道理，到了美国再也无力承担巨额逆差的那一天，亚太地区的贸易，必将崩溃无疑。事实上，东南亚金融危机已经向我们敲响了警钟。

20 世纪 90 年代初，伴随着大量的资金流入，东南亚地区实现了奇迹般的经济增长。但迫于越来越大的赤字压力，美国不能同比例地增加进口，日本虽然保持巨额的顺差，却又不放开国内市场，东南亚的产品卖给谁？产品卖不出去，债主追上门来，金融危机自然就不可避免。

亚太地区畸形的贸易结构必须改变。不过，新的结构将在什么时候出现，以什么样的面目出现，现在还不得而知。但可以肯定，这将是一个旷日持久的过程，绝不可能一蹴而就。而在新的格局形成之前，亚太地区的经济将是不稳定的，因此，我们不能把赌注押在出口上。与其廉价出口换外汇，不如立足国内，扩大内需，况且我们外汇储备已过万亿元。不管怎么说，外汇长期闲置，经济上不划算。因此，动用部分外汇储备，增加进口，不仅可以平衡外汇收支，而且有利于推动产业升级，改善贸易结构。

今非昔比，当年日本的经济总量不大的时候，美国曾轻而易举地把它从战败的泥潭中扶起来，推上经济发展的快车道。然而现在，全世界都进口日本的产品，却还是不能将它从经济衰退中解救出来，因为它的经济总量太大了，没有人能拉得动它。欧洲人的政治智慧，使他们有能力创造比日本更光明的经济前景，货币一体化的进程，则可能成为欧洲未来经济增长的发动机。可惜日本人缺乏这样的政治智慧，它对“二战”的态度，无法赢得周边国家的信任，因此，它也就无法在亚洲扮演德国在欧洲那样的角色。

问题就在这里：一方面，美国已经无力独撑天下了；另一方面，在亚太地区，如果要为出口导向型战略再造成功的土壤，唯一可能的“火车头”只能是日本。但与其相信日本会这样做，不如相信这种战略已经走到了尽头。

在经济全球化的年代，市场是最重要的战略资源。谁掌握了市场，谁就占据着最有力的竞争地位，拥有制定市场规则的权力。ISO9000 系列标准为什么必须由欧洲人来制定？因为它是相关产品的最大买主，这个产品的市场就在它的手中。我们的国内市场潜力巨大，几乎所有的国家都对它垂涎三尺。这可是个硕大的“金饭碗”，而且就在自己的眼前。如果对它视而不见、弃之不顾，总想去云游四方，到外面去化斋求缘，那么，万一化缘不成，待日后空腹而归的时候，原来的“金饭碗”还会属于我们吗？

加薪的困难

假若政府说要给大家加薪，反对者大概不会多。记得七年前，前任政府总理朱镕基曾到中央党校发表演讲，承诺任期内要给公务员涨工资，涨三倍。话音刚落，台下顿时掌声雷动。那天听讲的除了中央党校的教员，再就是来自全国各省市的学员。掌声热烈，说明加薪是普遍要求，众盼所归。

是的，希望加工资，人之常情。近三十年，中国经济高歌猛进，然而人们的收入增长却相对缓慢。过去搞计划经济，缺吃少穿，不承想市场化改革没几年，当人均 GDP 刚过 1000 美元，就出现了生产过剩，内需不足。温总理讲，当前扩需的重点在消费，我赞成。可要拉动消费，必须提高人们的收入。收入不增，扩需无疑是画饼充饥。正是从这个角度，所以中央强调增加居民收入是扩大内需的根本举措。

政府有意加薪，大家也欢迎，可为何一直雷大雨小，迟迟不见有大的动作？北京市几年前就已加薪，而国家机关却至今按兵不动。有人说，是因国家财政没有钱。我认为问题不在钱。这些年，财政收入以 30% 的速度递增，去年达 5 万亿元，怎会没有钱？依我看，政府的担心是给公务员加薪后，企业职工的工资加不了会引发矛盾，导致社会不和谐。

加薪的困难的确在于此。公务员加工资是财政拿钱，政府可以拍板；可职工工资是由企业发，加不加薪政府说了不算，要由企业视效益定。若如此，干部要是加了薪，职工没加，收入差距拉大，群众怎会没意见？《羊城晚报》记者曾采访我，问我是否赞成公务员加薪，我回答“赞成”，并细说了理由。不料专访刊出后，回声四起，每天都有读者来信质问我为何心里只有官员而没有百姓。

天地良心。我一介平民，怎会心中无百姓？问题是那天记者只问公务员该不该加工资，至于职工和农民，记者没问，我就没说。其实我的观点，最该增收的是农民和职工。倘若政府有钱，应先替农民建社保和给职工加工资，然后再给教师加工资。若还有钱，最后给公务员加。公务员工资是应该加的，不过在次序上不该先于工人和农民。我想这也是政府的考虑，不然，公务员加薪断不会久拖不决了。

细读十七大报告，不难印证我的猜测。比如关于农民，中央说，要逐步实现城乡公共服务均等化，建立农村养老保险，完善新农村合作医疗。而对城镇职工，中央则强调提高劳动报酬在初次分配中的比重，建立企业职工工资正常增长的机制。为农民建社保，只要财政愿拿钱，此事不难办。难处理的是城镇职工，职工工资不由财政发，即便财政肯出钱也未必能加到职工头上去。

举例说吧。一家企业，初次分配会将收入分成三块：职工工资、企业利润与国家税金。收入总量一定，内部结构的变动则此消彼长。比如按中央的要求，在初次分配中提高劳动报酬（工资）的比重，那么利润或税金就得降。减少利润，必将抑制投资，增加失业，因此，利润不能减。若利润不减，工资要提高，剩下的办法只有政府减税。难题在于政府减税后，企业不给职工加工资怎么办？谁敢保证，企业会把政府减税变成职工工资而不是利润呢？

近来我思前想后，夜不成寐，而最终想到的是提高法定最低工资标准。为何要如此？说起来其实简单，最低工资有杠杆效应。若将最低工资提高，所有职工的工资都得提高。比如张三是普通职工，月薪800元；李四是技工，月薪1000元。假定把法定最低工资提高到1000元，那么张三的月薪则从800元涨至1000元，而李四的工资就得高过1000元。否则，李四有技术而工资不加，必会辞工走人。技术工人留不住，会影响企业竞争力。两害相权，雇主当然要选择加工资。

值得提点的是，对提高最低工资，目前学界尚有不同意见。本人也曾说过，提高最低工资会挤占企业利润，排斥就业。当时我那样看，是基于政府不减税。若政府减税，情形则另当别论。试想一下，提高工资的增量若不是来自利润而是来自政府减税，企业毫发不损，雇主怎会不肯加工资呢？政府让利给职工，顺水人情企业为何不送？相信雇主不会那么蠢吧？

由此可见，提高最低工资能否带动全面加薪，关键在政府是否减税。党的十七大报告说，要逐步提高居民收入在国民收入分配中的比重。我体会，言下之意就是要让国民收入向个人倾斜。中央一言九鼎，而且白纸黑字写得清楚，现在就看政府如何去落实。从数据看，去年财政收入每年增长 30.3%，而居民收入增长不及 9%，扣除通胀后会更低。因此适度减税为职工加薪，让群众分享发展成果是人心所向，政府绝不可无动于衷。

最后，让我总结本文要点：第一，当下政府扩需的重点在消费。经济学说，收入决定消费，因此要拉动消费，必须全面加薪。第二，公务员加薪是由财政拿钱，故加薪的困难不在公务员，而在企业职工。给职工加薪，政府虽不能直接办，但可通过提高法定最低工资标准，让企业给职工加。第三，为确保加薪不挤占企业利润，政府应适度减税。兹事体大，且刻不容缓，请政府尽快行动吧！

让人们拥有财产性收入

近几天，我接待了好几批来访记者，也有外地媒体打来电话，让我对党的十七大关于“让更多群众拥有财产性收入”的提法做解读。既然以教书为职业，答疑解惑，责无旁贷。不过，没看到官方的权威解释，也不知别的专家怎样看，这里说说我的看法，算一己之见吧。

经济学说财产，包括动产和不动产。银行存款、有价证券是动产，而房屋、车辆、土地等为不动产。所谓财产性收入，则是指转让财产使用权所获得的利息、租金以及财产营运所获得的红利收入。比如说，老百姓出租房屋获得的房租，投资股市的获利，存银行、买国债所得的利息，都是财产性收入。

显而易见，要让群众拥有财产性收入，有两个前提重要：一是保护私人财产，二是允许财产参与分配。不保护私产，人们就不肯积攒财产。而没有财产，哪来财产性收入？当年计划经济时期，一大二公，谈“私”色变，除了有少量私人存款，别无其他，连住房都是国家的，所以那时老百姓多数没有财产性收入。

有了私产，但若不允许财产参与分配，也不会有财产性收入。以往学界有一种观点，认为按资（财产）分配就是剥削。受其影响，在过去很长时间里，只把劳动所得看作正当收入，存款利息被认为是鼓励性报酬。除此之外，一切财产性收入都视为非法，十恶不赦，当斩尽杀绝。设想一下，假如房屋出租不能收钱，谁会把房子租出去？倘如此，房产充其量只是财富，不是财产，没有增值功能。

今非昔比，中国如今发展市场经济，保护私产当属题中之义。五年前，党的十六大就强调要完善保护私产的法律制度，随后国家着手制定物权法，虽几经周折，但年初终于出台，自此私产保护应当说已不成问题。至于财产参与分配，更是不在话下，中央早有明文规定，而且十七大又重申，允许劳动、资本、技术、管理等生产要素按贡献参与分配。由此看，凭借私产取得收入，法律有保障，而且名正言顺。

眼下的困难是如何让更多的人拥有私产，关键是普通劳动者，劳动收入只够养家糊口，没有积累，何来财产可言？国家尽管可以制定最低工资标准，但工资是劳动力价格，最终要由劳动力供求定，政府不好干预过深。再说，当下劳动力明显供大于求，强令企业提高工资，对普通劳动者未必是好事。道理很简单，现在雇主每月花1200元可请两人清洁楼道，若人均最低工资提到1200元，雇主就可能只聘一人，另外一人得下岗失业。

中央说，要提高低收入者的收入水平，扩大中等收入者比例。是的，要让更多的人拥有财产性收入，必须让低收入者增收，逐步扩大中等收入者人数。唯有如此，人们丰衣足食而有剩余，才有可能去置办财产。问题是政府如何帮低收入者增收？说过了，最低工资是一法，但不是上选之策。退一步说，即便最低工资能保城镇居民增收，那么广大农民怎么办？看来，我们还得从统筹城乡的高度，用市场机制为更多的人创造增收的机会。

我一贯的主张，城镇居民增收，文章一定要做在农村，农民致富的文章，却要做在城镇。先说农民。近三十年，政府扶农惠农，不遗余力。上届政府推行粮改与费改税，本届政府又实行粮食生产直补、免征农业税，力度之大前所未有。可平心而论，这些年农民收入虽有增加，但却远未致富。现在人均耕地1.4亩，土里刨食，要致富谈何容易？曾多次下乡调研，也听过多方意见，农民致富的根本出路，我认为在规模经营。

举个例子，河南豫东平原是纯农业区，当地农民说，种地太少只能温饱，若让每人种20亩地就可致富。按一亩地年净收入500元算，20亩地就可达1万元。种地的农民富了，有了钱可存银行、买股票，而那些不种地的农民，则可进城务工，不仅可拿到工资，乡下承包地转租还有租金收入。问题是减少农业人口，必须靠加快城镇化来支撑。所以我的观点，农民致富的文章要做在城镇。

为何说城镇居民增收的文章要做在农村？有两点理由：一方面，城镇职工工资是企业发的，企业效益好，工资才有望提高。而企业的效益取决于市场需求，比如企业生产了产品，若市场没购买力，产品压库，企业当然加不了工资。温总理讲，保持经济持续稳定增长的关键是刺激消费，尤其是农民的消费。不错，农民不富，农村消费不启动，再生产循环受阻，城镇职工将增收无门。

另一方面，从机会成本看，农民增收也会迫使雇主给员工加工资。企业效益好，雇主有能力加薪，不过，有能力加是一回事，但加不加最后要取决于雇主与员工的博弈。前几年，珠三角地区民工荒，劳工短缺，于是雇主不得不提薪招人。如果农民收入大幅提高，农转非的机会成本会上升，受其影响，企业用工成本必定上升，不然招不进人，企业就得停产。而民工加了钱，水涨船高，城镇职工的工资肯定也要跟着加。

回头再说财产性收入。愚见以为，只要城乡居民大幅增收，拥有财产性收入则水到渠成。人们有了钱，吃不完花不尽，你说能干什么？除了少数人用来压箱底，多数人会投资，投资就会有财产性收入。所以让更多的人拥有财产性收入，归根结底，还是要先让更多的人增收。不看到这一点，任何高谈阔论，怕都是舍本逐末，于事无补。

减税的理由

曾在多篇文章里提到减税，但不是专门写，也限于篇幅，每次都是零散地说，不系统。美国最近受次贷危机影响经济不景气，于是大幅减税，此举引得全球瞩目。不巧，中国南方不久前遭受了数十年不遇的大雪灾而损失惨重，为支持灾后重建，国内也有学者提出减税。减税我拥护，但不仅仅是因为雪灾，而是从更宽的视角看，这里就让我说说减税的理由吧。

首先要有个判断，目前中国的税率高吗？对此学界说法不一。由于经济发展水平与体制不同，当然不好简单与国外比。不过国内企业的普遍感受是税负过重。有专家说，企业负担重并非税高，而是预算外收费多。毫无疑问，各种巧立名目的收费会加重企业负担。除此之外，我认为企业税负重也是事实。去年我国 GDP 增长 10%，财政收入增长 30%，财政收入增速为 GDP 的三倍。两相比较，若说企业税负不重，无论你怎样辩解，信你的人不会多。

国内税负达到今天的水平，有历史的原因。过去搞计划经济几十年，政府事无巨细，诸如国家安全、社会稳定、企业生产、老百姓衣食住行等都得管。如此大包大揽，花钱的地方多，政府不集中财力咋办？所以当时企业不仅要交税，而且利润也全额上缴。改革开放后，政府推行利改税，但由于计划经济体制未改，政府花钱的事没减少，而企业不再上缴利润，税自然就得多交。后来税制调整，税率有下降，但总的说，今天税负还是处在偏高的水平。

改革三十年，世事翻新，而最大的改变是我们告别了计划经济，转向市场经济。体制转轨，政府职能也跟着变。尽管政府改革还未尽如人意，但与从前比，政府管的事的确是少了，比如住宅商品化和劳动力市场开放后，许多过去要政府亲力亲为的事，现在则可置身事外。按理说，事权下放，财权也得往下放，可这些年政府财政收入却不减反增。不是说财政收入不能增，经济增长，财政收入当然要增加，但大大超过 GDP 增速，不正常。这至少说明，财政目前存在较大的减税空间。

有减税空间是一方面，另一方面，政府减税对经济发展的好处也显而易见。最近中央说，要坚持扩大国内需求，特别是消费需求的方针。减税能刺激投资，经济学讲得清楚，没人不同意。要解释的是，当下国内投资增长偏快，减税是否会对投资火上浇油？我的看法，防止经济过热，控制投资有必要，但投资有两类：政府投资与民间投资。政府投资靠财政拿钱，减税虽会增加民间投资，但同时必抑制政府投资。有增有减，总投资不一定会过热。

不过话得说回来，中国有13亿人口，不保持一定投资规模，经济不能高增长，失业便将成为头疼问题。奥肯法则说，要使失业率下降1%，GDP必增长2.5%。有专家据此估算，中国的失业率若想控制在4.5%左右，那么年经济增长必须稳定在9%。问题是发展经济不能空手套狼，没有投资推动，保持高增长无异于痴人说梦。再说，当下中国经济症结在结构，只要结构合理，速度快不是坏事。因此，政府当务之急还是调结构，且重点是收缩政府投资。

我主张减税的另一理由是减税可以拉动消费。曾说过多次，消费决定于收入。若其他条件不变，个人收入则与税收有关。个税税率越高，个人可支配收入越低；反之，个人可支配收入就越高。收入增加，消费也会扩大。这几年，鉴于中美贸易摩擦不断，政府有意启动国内消费，可消费为何引而不发？说到底，还是国人收入低。当年凯恩斯说，随着人们收入增长，消费占收入的比重会下降。现在看，怕是凯恩斯错了。与战前比，今天欧美国家人均收入大大提高，可居民储蓄率却在下降，而且信用消费大行其道。

再想多一层。不仅是个税，企业税（如所得税或增值税）下调，也有利于增加个人收入。中央说，要提高劳动报酬在初次分配中的比例，提高最低工资标准。但工资是劳动力的价格，得由劳动力供求定。政府要求提高工资标准可以，可钱谁来出？政府若不出钱，那么提高工资就要挤占利润。倘如此，企业雇主能听命于政府吗？雇主不傻，最低工资标准一旦提高，为保利润企业立马会裁员。失业增多，这样的结果政府肯定不愿看到。

有两全之策吗？当然有。我的看法，关键是政府要减税。只要政府减税，提高最低工资标准企业则可毫发不损。企业要做的，只需把从前应缴的税，现在作为工资加到员工头上去。顺水人情，企业何乐不为？不过，这只是大的思路，究竟工资加多高，税降多少，尚待进一步测算。而应把握的原则是，提高工资不应侵蚀企业利润，更不应危及企业的生存与发展。

不错，减税是加工资的前提。奇怪的是，这些年社会各界要求减税的呼声四起，可政府为何一直举棋不定？不敢以己之心度政府之腹，但有一点似可猜中，那就是政府担心减税后财政会歉收。会吗？若了解一点供给学派，懂得拉弗曲线，我想就不会杞人忧天。举个极端的例子：假如把税率定高到90%，世上没人肯去办企业，政府也就无税可收；而若将税率减低到20%，那么办企业的一定多。企业多了，政府反而能财源广进。

知道商家为何薄利多销吗？政府减税的道理也如是。藏富于民，薄征广收，不仅功在社稷，而且利在百姓，还望政府早作定夺！

增值税应当转型

和已有二百年历史的所得税比，增值税在我国开征时间不算长，即便从国际范围看，也仅半个多世纪，然而五十多年来，先后有一百多个国家和地区采用了增值税，并逐渐成了财政收入的大头。那么增值税究竟有何魔法，能受到世人如此青睐？

要答此问题，还得从营业税说起。

假如造一辆汽车，甲企业做车身是强项，乙企业生产发动机有绝活，丙企业制车桥是拿手戏，丁企业则集众家之长，专事组装。若政府现在要征收营业税，那么甲、乙、丙三家企业把零部件卖给丁厂，要缴一道税，而丁厂组装成整车销售，还得再次交税，这样一台汽车，事实上就被征了两道税。要是四家企业的老总稍加思考，定会坐下来商谈合伙的事。

但真要合伙，问题就来了，比如以资本为纽带，把大家捆在一起组成母子公司，让钱多的做娘，钱少的当儿子，想来应无异议。可既是母子公司，就得分开交税，大家凑在一起过日子，却沾不上好处，何苦来哉？若合为一个总厂，彼此称兄道弟，这样税可少交，可兄弟里面谁当老大？赚的钱如何分？大家都身怀绝技，谁也不服谁，往往谈不拢，结果，只好“小而全”，所有的活儿自己干。没有专业分工，提高效率当然无从谈起。

针对营业税的弊端，1954 年，法国政府第一个宣布使用增值税。何谓增值税？顾名思义，增了值，即征税，征税对象就是买进卖出的差额。如丁厂组装汽车，卖出去多少钱，进零部件花了多少本，进出两抵，剩余部分要纳税。增值税一出场，就博得了阵阵喝彩。与营业税相比，增值税最大的好处就是给分工解了套。而分工的重要性，亚当·斯密在其经典名著《国富论》中讲得明白，这里不再说。

增值税在法国一炮打响，很快便风靡全球。不过，尽管今天众多国家采用了增值税，但不同国家对增值税应税额的界定却五花八门。比如对用于购置固定资产所花的钱，是否允许在税前扣除，各国做法就大不一样。这就使增值税逐步分野，出现了三种类型。

第一类，消费型增值税。此类增值税允许纳税人在计算增值额时，将购入的固定资产价值一次性扣除。这一做法，站在全社会的角度看，其实就是对生产资料不征税，只对消费资料征税。实行消费型增值税，目的是要把好处留给那些进行设备更新的企业，以鼓励大家进行技术改造。

第二类，收入型增值税。此类增值税只允许扣除固定资产的折旧部分，增值额相当于国民收入，这就是“收入型”的含义所在。按此征税，企业不再享有提前补偿的优惠。

第三类，生产型增值税。此类增值税只允许将采购的原材料、零部件等扣除，固定资产则统统要重复征税。我看到的资料，目前发达国家一般都选择消费型增值税，拉美和独联体的一些国家则相中收入型增值税，而只有我国和印尼才使用生产型增值税。

我国何以要选择生产型增值税？依我之见，这恐怕与国家当时的财力、经济背景有关。开征增值税之初，国家财力并不像现在宽裕，日子过得捉襟见肘，这样，政府就自然想多收些钱。而生产型增值税，应税额扣除少，税基宽，对政府来说正中下怀。再有就是过去出现过的几次经济大波动，几乎都与投资过热有关，生产型增值税对固定资产重复征税，可对过热的投资浇些冷水，降降温。

不过要指出的是，今非昔比，当前国内产业结构正面临优化升级，固定资产更新不可避免，可生产型增值税不仅不能对此快马加鞭，却反倒落井下石，不允许扣除外购固定资产，企业哪能轻易更新设备？还有，当下政府扩大需求，要靠消费、投资、出口三驾马车同时拉动。可生产型增值税与消费型增值税相比，令企业税负相对重。税收挤占利润，价格调整空间自然要收窄。

价格历来是企业竞争的杀手锏，若价格居高不下，消费者不愿掏钱，消费需求上不来，产品就得滞销。产品卖不动，利润又薄，企业无利可图，投资需求便会萎缩。消费与投资发力不足，指望“出口”也不成。按照 WTO 的规则，出口国可对出口品免征或退还已征间接税，其中大头则是增值税，各国政府都在这上头做文章。可我国因采用生产型增值税，退税力度用到头也不及国外，这样势必影响国内企业的竞争力。

看来，生产型增值税转型而改征消费型增值税，这不仅能给“三驾马车”助力，对资本与技术密集型企业，同样也是福音。当下的问题，是增值税一旦转型，财政是否承受得了？的确，全国每年6000多亿元的固定资产设备购置，按17%的增值税率计算，将少征1000亿元。不过，这仅是一笔账。还有一笔账是投资增加，增值额也会增加，企业效益提高，利润也随之增加，从而增值税和所得税将有所增加。两相冲抵，短期内孰得孰失不好说，不过从长远看，利大于弊可确信无疑。

个税不妨网开一面

天下没有免费午餐，我们要享受政府的公共服务，那么纳税就是应尽的义务。何况政府并无点金术，用之于民必取于民。从这个角度看，政府征税无可厚非。写这篇文章，不再说征税的必要性，而重点讨论怎样让税负更公平。

先从一个案例说起吧。前几天坐出租车，司机挺能侃，中间聊起一件事给我印象深。原来，“的哥”夫妻俩都是下岗职工，妻子身体不好，一直在家待着，还有一个儿子上学，一家三口，都靠他开出租车。他抱怨国家规定月收入2000元就得交税，可自己虽说月收入近3000元，实际却是困难户。税是交了，可心里很憋屈，不痛快。

听得出，“的哥”心存不满，说的是税负不公。尽管他月收入3000元，超过了个税起征点，但一家三口平均，每人却不足1000元。想想吧，在北京这样的大城市，无论怎样精打细算，日子都会过得捉襟见肘。问题是另有些家庭，夫妻俩都有工作，每人收入1900元，可两人都不必交税。相比之下，他明显吃了亏，当然觉得不公平。

再想深一层，“的哥”的收入看起来是由他开出租挣的，但背后也有他妻子的贡献。妻子虽赋闲在家，却要做家务，帮丈夫洗衣做饭，照顾孩子。若这些事她不做，“的哥”就得另请保姆，请保姆就得付费，这样，“的哥”的收入就会少一块。由此看，“的哥”3000元的收入不应是他一人的收入，还应包括妻子的劳动所得。

众所周知，国家征收个税，除了增加财政收入，再就是调节收入差距，对收入高的征税，收入低的免税，取有余而补不足。可像“的哥”这样的家庭，绝对算不上高收入，若政府要向其征税，无疑会令他的生活更加拮据，这当然也就背离了国家征收个税的初衷。

于是有人提出，个税征收要以家庭人均收入为标准。可行吗？理论上无可非议，但一旦执行起来，困难不会少。最大的难题是家庭成员不好核定。看户口本吗？貌似合理，细想则未必。比如李四与王五父母均退休，但李四与父母同居一城，而王五父母在乡下，若按家庭平均收入征税，李四将父母户口迁入易于借火，而王五不行，由于城镇户口未放开，只能干瞪眼，这样也会造成苦乐不均。

是的，按家庭人均收入征税，利弊参半，有得也有失。两难选择，那么究竟怎么办？最近思前想后，我认为还是提高起征点，舍此不见有其他更好的办法。今年“两会”期间，有代表建议将个税起征点提高到5000元/月，究竟提多少合适需论证，但原则上，我赞成提高起征点。理由简单，容我分点陈述。

第一，去年年底修订个人所得税法，将起征点由 1600 元/月上调至 2000 元/月。据说当时对应的城镇职工收入月平均工资是 1853 元。税务部门说，起征点提高后，工薪阶层的 70% 将不必缴税。可由于今年物价指数一路攀升，职工工资也水涨船高，特别是大中城市，相当多职工月收入过了 2000 元。如此一来，使本应调节高收入的个税，很快已成了普适的"人头税"。对此当初政策制定者怕是始料未及！

第二，个税起征点虽由 1980 年的 800 元/月调整到今天的 2000 元/月，整整提高 2.5 倍。乍一看，提幅是不小，可要知道，20 世纪 80 年代初，城镇职工月工资平均不过 60 元，对应 800 元的起征点，两者相差 13 倍。能达到月收入 800 元的，绝不是平民百姓。如今起征点虽提到了 2000 元，可是与城镇职工平均工资相比，相差无几。换句话说，二十多年前，个税主要向少数高收入者征收，现在，普通工薪阶层却成了纳税主体。

第三，当下政府关注民生，我以为，很重要的一条就是要让国民收入向公众倾斜，让国民充分享受经济增长的成果。个税起征点调整为 2000 元/月，按 2007 年年底职工月收入水平计算，财政每年让利 300 亿元，这与国家 5.1 万亿元年财政收入相比，显然微不足道。进一步说，按现行税率，即使将起征点提高到 3000 元/月，财政不过多让利 100 亿元，这对财政绝不会伤筋动骨。

第四，中国经济要保持长期稳定增长，关键的前提是持续扩大内需。曾说过多次，眼前投资已经过热，扩需的重点只能刺激消费，而消费由收入定，因此，归根结底得提高收入，尤其是中低收入者的收入。增加低收入者的收入，当然要靠加薪。但对中等收入者来说，最简便的办法则是网开一面，提高个税起征点。

第五，我主张将起征点提至3000元/月，基本考虑是，目前一个城市双职工家庭，至少要养一个子女，如果双方父母都是农民，没退休金，没社保，那么还要赡养四位老人。假设夫妻俩工资都有3000元，但平摊却不足900元，如果再缴税，经济窘迫可想而知。照此分析，个税起征点应就高不就低，最起码，不能让人因纳税而贫困。

最后强调一点，社会在进步，今非昔比，今天人们的消费水准已大幅提升，不仅求温饱，而且求发展。古人云：时变道亦变。适当提高个税起征点已是人心所向，政府当顺势而为。如果说将起征点调至5000元/月不现实，那么先提至3000元/月，财政承受得起，而且既可减轻中等收入者税负又可扩大内需，一箭双雕，岂不善哉！

守住货币闸门

9

货币政策当以静制动

近两年，央行接连加息，且自2006年5月以来，存款准备金率也上调五次。央行这样处理，目的显而易见：紧缩银根、抑制投资过热。学界的反应，一片叫好。虽有不同的声音，那也是认为此次存款准备金上调仅0.5个百分点，担心对当下过热的投资势头于事无补。

央行用货币政策工具调节经济，司空见惯，似乎无可非议。但经济学说，货币政策目标是稳定通货。所以，央行究竟该怎样做才能恰到好处，既不通胀，又不通缩。有前车之鉴，1988年治理整顿、收紧银根，1990年跟着市场疲软；1992年增加货币投放，1993年出现通胀。于是货币政策再转向从紧，不承想，1998年后又出现了通缩的趋势。

世事如棋，变幻莫测。不过从理论方面看，货币投放与物价，并非猫捉老鼠，看破现象，却有规律可循，对此学界著述很多，讨论也不少。五十多年前，关于货币政策“规则”对“权变”的那场争论，曾轰动一时，今天作简单回顾，我们兴许能从中得到某些启示。

以国家干预经济为基调的凯恩斯学派，倡导“相机抉择”的所谓“权变”政策。在他们看来，经济生活仿如一条有着荣枯周期的河流，而货币供应就是一道闸门，政府作为“守闸人”，应时刻根据“河流”的荣枯状况，相应地关闭或开启“闸门”，从而达到平衡货币供求、缓解经济波动的目的。

由于凯恩斯主义一直是战后经济学的“主流”，因此，“权变”的货币政策自然在西方各国大行其道。不过，自20世纪50年代后期起，一股反对“权变”的理论旋风从美国东部刮起，高举这支反旗的领袖是现代货币主义学派的“掌门人”弗里德曼。这位个头矮小但思想卓越的经济学家，雄辩滔滔地对凯恩斯的“权变”政策进行了批判。

弗里德曼认为，“权变”政策不仅事实上很难收到预期效果，甚至会适得其反，造成经济的大起大落。据此，他力主政府放弃传统的“权变”政策，而建议用一种预先制定的对货币投放有约束力的“规则”取而代之。比如，把货币供应的年增长率，长期地固定在与经济增长率以及劳动力增长率大体一致的水平上。这就是所谓著名的“简单规则”或“单一规则”的货币政策。

弗里德曼用铁证如山的历史事实证明，“相机抉择”的货币政策往往会使经济更不稳定。他通过对历史大量统计资料的考察和实证研究，指出货币政策只有在经历了一个易变的、长期的“时滞期”后才能作用于经济。具体地说，从中央银行货币供应的变化到经济生活中反映出这种变化之间，存在着两个“时滞”：货币增长率的变化，平均需在6~9个月以后才能引起名义收入增长率的变化；在名义收入和产量受到影响之后，平均要再过6~9个月价格才会受到影响。因此，货币政策生效的时间往往要经过一年或一年半的时间。

正是由于存在这12~18个月的滞后效应，所以弗里德曼说，中央银行难以掌握成功实施权变政策所需的必要信息，无法准确预测经济的未来走向，更不用说去把握现实社会对货币政策作出反应的时间和程度。这样，政府在扩大和收紧货币供应量时，就难免会做过头或做不到位。要么对经济刺激过度，要么紧缩过度，从而导致与最初愿望相反的结果，更加促成经济的波动和不稳定。

由此可见，政府要当好“守闸人”并非易事，弗里德曼认为，政府与其手忙脚乱，倒不如无为而治，制定出一个长期不变的货币投放增长的比例规则。比如，货币当局在确定货币供应量时，牢牢盯住两个指标：一个是经济增长速度，另一个是劳动力增长比例，并把货币供应的年增长率控制在这两个指标之内，如此以静制动、以不变应万变，反而可以使经济趋于稳定。

根据自己的估算，弗里德曼指出，美国每年需要增加货币1%或2%以配合人口和劳动力的增长，再加上年产量平均增长约为3%，若再考虑劳动力的增长和货币流通速度会随着实际收入的增加而下降的趋势等因素，美国货币供应的年增长率可定在4%~5%。这种简单规则的货币政策，实际上是政府为货币供应确定的一条稳定航线，只要货币当局始终遵循这条航线，那么，经济的大幅度波动就能得以避免。

由于凯恩斯主义的“权变”政策无法化解西方国家的“滞胀”，所以多数市场经济国家都先后实行了“简单规则”的货币政策，瑞士、德国、日本则被认为是由于实行稳定的货币增长政策而控制了通胀。当年以撒切尔夫人为首的英国保守党政府，更是唯“简单规则”是瞻，美国里根总统上台后所提出的“经济复兴计划”中，也把控制货币供给量作为主要项目。“简单规则”货币政策所产生的深远影响，足可窥其一斑。

回头再说中国。据统计，2002 年至 2006 年，货币供应（M_2）年平均增长 17.1%，而同期 GDP 年增长约 10%，可见我们的货币供应增长偏快。为稳定物价，避免经济大起大落，长久之计，应借鉴简单规则的货币政策。我的看法，考虑经济增长与劳动力增长，可把年货币供应（M_2）增长率稳定在 14% 以内。利率可根据通货指数调节，但存款准备金率不宜轻易动它。公开市场业务，也应预先纳入货币供应总盘子，不可作为瞬间调节的应变措施。

稳住汇率是大局

最近举行的第二次中美战略经济对话，汇率问题仍是焦点。人民币币值该不该升，利害攸关，政府当然要慎之又慎。面对美国的压力，央行行长周小川回应：中国已尽力而为。而吴仪副总理表态，人民币大幅升值会对中国经济带来负面冲击。大实话，说得好，应该为文支持。

美国要求人民币升值，说来说去，摆得上桌的理由，就是美中贸易持续逆差。不否认美国是有逆差，但减少逆差，难道就得要人民币升值？李嘉图的比较优势理论，闻名天下，美国人不会不懂。劳动力低廉是中国的比较优势，美国的比较优势在高科技，只要多增加高科技出口，互通有无，中美便是双赢。可惜美国扬短避长，用劳动密集型产品与中国拼，棋输一着，贸易怎能不逆差？

其实，美国想扭转贸易逆差易如反掌。多年来，中国敞开国门，一直以市场换技术，蹊跷的是美国不肯调整出口结构，却反逼人民币升值，为什么？再有，人民币升值，中国产品在美国涨价，美国消费者就得多花钱，世上哪有这样的买家，拒绝物美价廉，而硬逼商家卖高价。表面看，似乎情理不通，但想深一层，醉翁之意不在酒，背后一定另有隐情。

看看二十多年前的日本吧。当年日美贸易，日本也是连年顺差。到 1985 年，美国做东摆鸿门宴，邀请英、德、日、法四国财长到纽约广场饭店开会，中心议题就是敦促日元升值，尽管日本不乐意，但迫于美国的政治军事压力，有苦难言，只得就范。广场协议前，美元对日元的比价是 1∶240；1988 年升至 1∶120，而到 1995 年又升至 1∶79，短短十年，日元升了3 倍。

日元升值的后果有目共睹。出口受阻不用说，而日本企业为避开升值打击纷纷转向境外，导致产业空心化，政府却始料未及。自此，日本经济开始了十年的衰退。更严重的是日元大幅升值，还在汇市上给了美国人可乘之机。举个简单的例子，比如美国财团在 1985 年用 1 亿美元兑换了 240 亿日元，等到 1988 年，日元升值一倍，那么用 240 亿日元就可换回 2 亿美元。不计利息，仅在汇市一个来回，三年赚一倍。而日本，只能眼巴巴地看着财富被美国掠走。

前车之鉴，我们怎可重蹈覆辙？在前年诺贝尔奖得主北京论坛上，欧元之父蒙代尔的发言振聋发聩，他指出，人民币大幅升值是灾难性的，那是让中国经济自杀。他细数人民币升值之弊达十二条之多。蒙代尔是经济学大师，判断不会有错。问题是货币问题错综复杂，政府该如何取舍才能趋利避害？

经济学说，资本自由流动、政府自由发钞权和汇率稳定，三者之中，最多只能取其二。假如一国要有自由发钞权，又要保持汇率稳定，那么就得限制资本流动。反之，选择了汇率稳定，同时允许资本流动，政府就不得自由发钞。显然，对中国而言，不可能限制资本流动，因为我们不可能闭关锁国，要稳定汇率，唯一办法是限制政府发钞权。

由此带出的困难是，由于中国外贸持续顺差，外汇储备过万亿元，加上国际游资的涌入，外汇供大于求，本币必有升值压力，为了减压，央行不得已，只好被动地发行本币。可这样做，国内流动性会过剩，通胀势难避免。为了控通胀，政府别无选择，必须回头压流动性。麻烦在于压流动性虽可治通胀，但同时会推高币值，汇率又稳不住。

这正是我们的难题。按下葫芦起来瓢，怎么办？最近看文献，国内学者见仁见智，说法不一，而主流的观点是压缩流动性。对此主张，我不反对。但愚见以为，在稳定汇率与控制通胀之间，应先稳定汇率。尽管通胀会危害经济，需要警惕，但相比汇率上升，危害要小得多。何况在当前情况下，保持适度通胀不一定是坏事。

当下中美贸易摩擦，说到底是我们的产品在美国市场卖得便宜。如果稳定汇率而保持适度通胀，国内价格上涨，出口价格则水涨船高，这样一来，既可堵住美国的嘴，又可避开人民币升值的冲击。与此同时，出口价格上涨，还会促使国内企业从价格竞争转向质量竞争，从而带动技术升级与产业转型。

从国内经济看，中国经济要持续高增长，一个前提就是扩大消费。中国人口多，消费潜力大，关键是如何去拉动。比如，消费者有个普遍的心理，买涨不买跌。物价看涨，人们就抢购；

物价看跌，便持币观望。由此推断，政府要拉动消费，适度通胀就不失为一个办法。这几年房地产热销不退，其中重要原因就是房价看涨。

当然，这并不是说可以放任通胀。凡事皆有度，物极必反，通胀过高也会给经济造成致命打击。所以要提醒的是，政府可以利用通胀，但必须调控有度，而且即使是适度的通胀，政府也得有补充措施，至少有两点：一是提高社保标准，二是加息。前者可保护弱势群体，后者可维护储户的利益。

再说一遍，面对汇率上升与通胀，我选通胀，并非我赞成通胀，而是两害相权取其轻。好比破财与丢命，很多人选破财，并非人们喜欢破财，而是丢命的代价更大。

涨价未必就是通胀

人民日报社《环球人物》的记者要采访我，事前给我一个采访提纲，大意是问居民消费品涨价是否会导致通胀？笼统地说，不好答。但如果问近期 CPI 上涨能否带动通胀，我的答案，只要流动性能收紧，当下消费品价格上涨不会带动全面物价上涨，更不会诱发通胀。

很多人以为，涨价就是通胀。其实不然，通胀会涨价，但涨价未必是通胀。经济学大师弗里德曼说，通胀始终是货币现象。只有当货币供应过量而导致货币贬值时，物价上涨才是通胀。反之，若是由于某些商品短缺引起价格上升，则不是通胀。此为经济学常识，大学教科书白纸黑字写得清楚，无需我多费笔墨。

国家统计局公布，5 月份的 CPI 为 3.4%，是通胀吗？不应该是。从数据看，上月的物价上涨主要是食品涨价所致。据中金公司估计，食品涨价对CPI的贡献为0.24%，其中肉禽涨价对CPI的贡献为0.6%，水产品为0.14%，蔬菜为-0.5%，而非食品仅占0.07%。综合起来，食品与非食品使CPI上涨了0.3%，加上去年5月CPI环比是-0.1%，故今年5月CPI与4月环比提高0.4%。

由此看，近期物价上涨有三个特点：一是肉禽涨幅最大，二是食品涨幅超过非食品，三是消费品涨幅超过服务品。究其原因，是去年饲料价格居高不下，生猪饲养成本高，出栏价格低，养猪无利可图，造成今年供给减少；而另一方面，城市肉类需求有增无减，供不应求，肉类价格自然陡升。受其影响，部分消费者转向禽类和水产品消费，于是这类产品价格也随之升高。

显然，5月CPI上涨是由于肉禽供应减少，不是通胀。但问题是肉禽产品涨价，会不会带动下游产品涨价？比如，猪肉价涨，会不会令猪肉罐头价涨？猪肉罐头价涨，会不会令全社会工资上升而加大工业成本，从而诱发价格普遍上涨？理论说，通胀既可由需求拉动，也可由成本推动。而我的看法，需求拉动通胀是对的，但成本推动通胀却大可商榷。

不是说成本不能推动通胀，而是这样必须有一个前提：就是商品全面短缺。马歇尔讲，供求决定价格，没有错。但若商品短缺，价格则由卖方定。道理简单，既然供给不足，皇帝女儿不愁嫁，价格当然要由卖家说了算。通行的做法是成本加利润。如此一来，上游产品价涨必使下游产品成本增加，而成本增加又推动价格上涨，如多米诺骨牌的连锁反应，最终会导致物价全面上涨，货币贬值。

反过来，假如社会上商品普遍过剩，成本则不会推动通胀。比如猪肉罐头过剩，肉价上涨，罐头价格不会涨。因为天下没有那样蠢的商家，产品卖不动还加价，即便敢加，消费者不肯买，高价也就形同虚设。同理，假若汽车过剩，钢材涨价汽车不会涨价；纺织品过剩，棉花涨价纺织品不会涨价；家具过剩，木材涨价家具不会涨价。由此类推，上游产品涨价，下游产品不涨，通胀则不会发生。

是的，商品供大于求，价格转由买方定，是需求决定价格，价格决定成本。举猪肉罐头的例子，若消费者只肯花 10 元买一听罐头，猪肉涨价，罐头的成本从原来的 9.5 元增至 10.5 元，此时厂家若要赚钱，唯一办法是压成本，否则，就只能天天赔钱，直到停产关门。从这个角度看，上游产品涨价，不会带动通胀，而是迫使下游企业改善管理，降低成本。

照此分析，当前中国经济整体过剩，肉禽等食品类价格上涨，当然不会引起通胀。再说，近年来我们的经济增速达 10%，而物价上涨年均不到 3%，相比之下，涨幅不算大，经济学说，只要把物价涨幅控制在经济增速之下，都是适度的。既如此，那么人们为何对上月 CPI 3.4% 如此敏感，谈“涨”色变呢？

我猜测，这里有两个原因：一是对通胀理论不明就里，以为任何时候成本都会推动通胀；二是传统思维定势，认为食品关系国计民生，价格不能涨。第一点已解释，不再说；而对第二点，我不赞成。不错，一直以来农民都是在用廉价农产品保障城市供应，尤其是计划经济时期，政府通过价格剪刀差，让农业为工业积累大量资金。可今非昔比，现在是市场经济，我们为何不把农产品价格交给市场调节呢？

说农产品价格不能涨，是偏见。可以理解，吃惯了便宜的大米、肉禽，现在陡然涨价，很多人会不适应。但不适应并不意味着农产品就不能涨。只要供不应求，工业品价格可以涨，农产品价格照样可以涨，市场规律，天经地义。过去农产品过剩，价格下跌，是农民吃亏；现在农产品短缺，价格该涨却不让涨，还是让农民吃亏。换位思考，站在农民的角度想，你觉得这样公平吗？

其实，农产品价格适度上涨，不是坏事，至少有利于农民增收。多年来，我们希望农民增收，政府也千方百计，差不多把政策用到了尽头。而眼下农民有增收的机会，我们何不顺水推舟呢？说过多次，农产品比价低，农民不富裕，不是农业天生弱质，更不是农民不勤劳。相反，是为了保证城市需要，政府不仅让农民多增加供应，而且还不断地调控产品价格。

面对肉禽价格上涨，愚见以为，政府最应该做的不是动用储备平抑价格，而是补贴低收入群体。食品适度涨价，对高中收入者的影响，其实微不足道，因此，真正需要政府照顾的，只是低收入者。只要低收入者生活水平不下降，食品涨价则无伤大局。至少政府不应该、也没必要为了让高中收入者买到便宜的肉禽而牺牲农民的利益。

加息不能压缩流动性

最近“流动性过剩”已成社会焦点，而我对货币供应过度的判断不怀疑。可观察的指标为银行存贷差。手头有两个月前的数据，整个银行体系存款余额为35.9万亿元，而贷款余额为24.8万亿元，闲置资金达11万亿元。经济学说，流动性过剩，会引发通胀，导致经济过热。因此，压缩流动性事关大局，政府不可能不重视。

要讨论的是，减少流动性，政府该如何处理？学界一直有人支招，建议央行大幅加息。我的看法，央行发行定向票据或提高存款准备金，皆可回笼货币，办法对，但不明白，加息怎能减少流动性？简单的推理，流动性过剩，表明货币供给过多，而提高利率，只会减少货币需求，供应未变，难道流动性能自己不翼而飞？

我与“加息派”的分歧，在于对利率的认识。现在的经济学教科书，众口一词，说利率是政府调节经济的工具。利率是工具吗？老实说，我有疑问。因为按教科书的解释，利率是货币的价格。既然是货币之价，那么利率得由货币供求定，政府怎可人为加减？奇怪的是，对一般商品价格，大家反对政府插手，可为何对货币价格却反而希望政府操纵呢？

以错攻错，乃辩论术，雕虫小技。不过只此一问，“利率工具论”便露出破绽，错得明显。其实，我并不同意利率是币价之说。我的观点，货币的价格不是利率，而是它的购买力。比如，一把斧头的价格是10元，那么反过来，则可说10元货币的价格是一把斧头。是的，作为固定充当等价物的商品，货币之价，只能用所购得的物品数量去表现。

还有个证据，可以支持上述观点。读经济史便知，利息的出现，不仅要早于货币，而且在没有货币的地方，付息现象也比比皆是。早年在中国民间，实物借贷很普遍，春借粮两斗，秋还两斗半。那多还的半斗，自然是利息。半斗“利息”除以原来借的两斗，比值就是利率。在这里，我们根本看不见货币，但利率却照样有，显然，利率是币价的说法不可信。

利率不是币价，但这也不是说利率就可由政府操控。说过了，决定利率高低的除了借贷之数，还有利息之量。那么利息为何物？它如何定？对此，有两位经济学家不可不提，一位是19世纪末奥地利的庞巴维克，他说，由于现在的钱贵于将来的钱，若现在想要提前预支将来的钱，那么就须付价差，这个价差就是利息。也就是说，利息是货币的时滞之价。另一位是美国的费雪。与庞氏比，费雪的观点大同小异，但角度不同，引出的含义也不同。费雪说，虽然人性普遍不耐，但程度却有高低之分，有人很不耐，有人稍耐些。于是，不耐的人要即时享受，就得用将来的期货交换稍耐人的现货，为达此目的，不耐的一方必须给稍耐的一方付息。简言之，费雪认为，利息是“耐”的报酬，“不耐”的代价。一个人越不耐，所付利息就越多，利率也就越高。

我赞成费雪的分析。仔细想，的确是不耐程度决定了利率。比如战乱时期，人们生死难卜，前景看淡，于是不耐上升，利率通常被推高；反之，太平盛世，人们丰衣足食，人心安定，不耐下降，利率也下降。另一个例子，是国债利率与银行利率。为何国债利率通常要高于银行利率？原因是政府不耐，要着急找钱弥补赤字。再有，当下国内民间借贷利率为何也普遍高于银行利率？答案是银行审贷繁琐、时间长，有人不耐等待，宁愿支付更高的利息。

类似的例子很多，不必再罗列。重要的是费雪的利息理论究竟能给我们哪些启示。大致说，我认为有三点。

首先，利率是由不耐决定，与货币供应无关。上面的例子，国债利率与民间利率均高于银行利率，并非货币供应有何改变，而是政府与厂商的不耐导致了利率差别。由此推出的政策含义是，央行抬高利率，不能减少货币供给。换句话说，流动性过剩，不能用加息来解决。

其次，影响不耐的因素都会影响利率。比如出现了通胀，人们预期未来物价会大涨，不耐程度加剧，于是纷纷贷款消费。如此寅吃卯粮，利率肯定被拉高。这也是为什么通胀时期美联储要加息的原因。通行的说法，美联储加息是为了控制通胀，其实不然，恰恰是通胀引起了加息，加息只是通胀的结果，不是压制通胀的手段。弗里德曼说，通胀始终是货币现象，控制通胀的唯一办法是收紧货币供应。

再次，脱离不耐加高利率对经济有害无益。还是举通胀的例子。假如基点利率4%，而通胀指数2%，那么市场利率应升至6%。但如果为了压制通胀，央行把利率提高到8%，结果如何？那一定是贷少存多。问题是银行高息吸存却不能贷出，岂不要被憋死？若银行不想关门，自会设法变通。但只要银行把钱贷出去，需求就不会减少，政府控制通胀，必是竹篮打水一场空。

综上分析，利率只是市场信号，并非政府可以摆布的工具。因此，那种认为加息可压缩流动性的观点是错的，认为加息可压制通胀的观点也是错的。对付通胀关键在压缩流动性，而减少流动性，治本之策是控制货币发行。不然，货币源头管不住，总在下游动脑筋，东堵西堵，流动性仍会泛滥成灾。对此，政府当有清醒的认识。

汇率制度各有千秋

20世纪70年代，布雷顿森林体系崩溃，美元号令天下的时代一去不返。1976年4月，国际货币基金组织几经磋商，达成《牙买加协定》，规定各成员国既可实行固定汇率制，也可实行浮动汇率制。各具特色的汇率安排，相继浮出水面，汇率制度多样化格局逐渐形成。

总的看，汇率制度可分为三大类：自由浮动汇率制、固定汇率制、有管理的浮动汇率制。在自由浮动汇率制度下，汇率由市场供求决定，货币当局对汇市很少干预。我们知道，影响货币供求的决定因素，是各国的国际收支状况。国际收支顺差国，出口多于进口，赚取大量外汇，外汇供给增加，价格下跌，本币汇率上浮；国际收支逆差国，对外汇的需求增加，外国货币价格上扬，本币汇率下跌。这种汇率安排最大的优点，是可以通过汇率杠杆对国际收支进行自动调节，降低国际游资冲击的风险。

但是，汇率频繁而剧烈的波动，将会对国内经济造成震荡。因此，实行自由浮动汇率制的，多数是国力雄厚、金融市场完善的发达国家。不过，即便是实行自由浮动汇率的国家，当汇率出现大幅波动，对本国经济产生不利影响时，政府也不会袖手旁观。比如，政府会通过新闻媒体放风，间接影响汇市走向。20世纪80年代中期，美元持续走强，美国出口增长乏力。于是，美国便邀请英、德、日、法四国财长，召开了“广场会议”，联合拉低美元汇率，以改善日益攀升的美国外贸赤字。

与自由浮动汇率制正相反，固定汇率是指货币当局锁定本币对外币的汇率，其波动幅度被限制在较小范围内。根据国际货币基金组织的分类，固定汇率制有三种。

一是无法定货币的汇率安排。如拉美的巴拿马，自1904年以来，使用的纸币是美钞，本币巴波亚仅以硬币形式流通，巴波亚与美元的汇率为1:1。由于不发行纸币，也无须保护本国货币，巴拿马没有设立中央银行。欧元区的汇率安排也属此类。各成员国使用同一种法定货币——欧元，对外则实行联合的浮动汇率。

二是货币发行局制度。即政府将本币与某种外币的汇率，用法律形式固定下来，本币发行有对应的外汇储备作保证。实行这种制度的地区和国家，主要包括中国香港、阿根廷以及一些东欧国家。

三是钉住汇率制度。也就是本币按固定汇率，钉住一种主要货币，或者是一揽子货币，汇率波幅不超过1%。实行这种汇率制度的国家，或者公开宣布，如马来西亚等东南亚国家，或者虽不明说，实际上却依此操作，我国目前的人民币汇率安排，即属于后一种情况。

实行固定汇率制的国家，相当一部分是新兴工业国，采取这种制度安排，目的是避免汇率频繁波动，稳定投资者的信心，吸引外资流入，发展本国经济。但是，为了维护汇率稳定，政府常常要入市干预，从而承担了市场变化的风险。根据购买力平价理论，两种货币汇率变化的百分比，等于两国通货膨胀率之差。如果不随通胀率变动汇率，就会出现一种币值高估，而另一种货币低估。

在过去的几十年间，发展中国家的通货膨胀率，普遍高于发达国家。由于实行固定汇率，这些国家的币值长期被高估，从而导致国际收支逆差，外汇储备减少。此外，由于有政府兜着，国内企业和银行不顾汇率风险，过度举借外债，造成了潜在的债务风险。实行固定汇率制的国家，如果推行金融自由化，便又给国际游资以可乘之机，它们在外汇市场上低买高卖，赚取不义之财。国际收支赤字、外债负担积累加上游资冲击，如果全都赶到了一起，这些国家的外汇储备便成了杯水车薪，最终不得不放弃固定汇率，迫使本币贬值，从而引发金融危机。

有管理的浮动汇率安排，介于上述两种汇率制度之间，汇率主要由市场供求关系生成，同时，当汇市严重偏离正常轨道时，政府可以对“市场缺陷”及时进行纠正，从理论上讲，吸收了自由浮动汇率制、固定汇率制的优点。这种汇率安排又可细分为四种：平行钉住的汇率安排，允许本币汇率波动范围大于1%，如冰岛。爬行钉住的汇率安排，是货币当局根据若干量化指标，定期小幅调整币值，如尼加拉瓜。爬行区间浮动的汇率安排，即货币汇率钉住一揽子货币，根据中心汇率的变化，定期进行调整，如波兰。无区间有管理浮动汇率，指货币当局不特别指明汇率目标，经常性地积极干预汇市，使其朝有利的方向变动，如新加坡。

有管理的浮动汇率制能否有效实施，取决于货币当局的调控水平。实行这种汇率制度的国家，政府进行汇率调节时，通常要考虑三个指标：通货膨胀率、负债率、外贸依存度。但是汇率像魔法石一样变幻莫测，管理者不论是确定理想汇率水平，还是判断汇市走向，都难以料事如神，毫厘不差。政府对汇率的过多干预，有时会加大汇率波动，结果反而事与愿违，影响了经济的健康发展。从近年来汇率制度发展变化的情况来看，实行有管理的浮动汇率制的国家，数量在逐渐减少，而实行自由浮动汇率制以及固定汇率制的国家，数量相对有所增长。经济学家将这种现象称为汇率制度“舍中间，取两极”的趋势。

汇率制度变更关系重大，各国政府无不仔细斟酌，慎重从事，相关的国际金融理论也应运而生。比如，美国经济学家蒙代尔认为，如果在一个区域内部，生产要素具有高度流动性，但该区域与外部之间，存在生产要素流动性障碍，那么，区域内成员国之间，使用共同货币或实行固定汇率，对外实行浮动汇率，这种汇率安排收益最高。蒙代尔的最优货币区理论，为欧元区的建立提供了理论依据，他因此获得了1999年诺贝尔经济学奖，并被誉为“欧元之父”。

与此类似，美国新一代经济学家克鲁格曼，提出国际货币体系“三元悖论”。他指出，资本自由流动、货币政策独立性和汇率稳定，三者不可俱得，最多只能取其二。假如一国选择汇率的稳定性作为目标之一，同时又允许资本自由流动，那么一旦市场产生预期，该国在实行货币贬值时，其货币将面临严重的投机性冲击。为防止这种情况出现，该国或者会限制资本自由流动，防止因短期资本大量外逃，造成本币过度贬值；或者放弃本国货币政策的独立性，通过建立货币局制度，或加入货币联盟，来公开宣布未来的汇率调整。

“三元悖论”不仅道出了亚洲金融危机的实质，也为危机后各国重建汇率制度提供了理论指导。克鲁格曼的观点也说明了这样一个道理：尺有所短，寸有所长。任何一种汇率安排都并非完美无缺，而是各有利弊。只有根据世界经济发展态势选择适合本国国情的汇率安排，才不失为明智的选择。

科教兴邦

10

什么在妨碍科技创新

纵观历史，世界经济强国无不以科技领先。19 世纪的英国、德国、法国，20 世纪的美国、日本，概莫能外。进入 21 世纪，中国要急起直追，必重视科技创新，咬住青山不放松，才能有望后来居上。所幸的是，中央审时度势，提出建设创新型国家，好、好、好！雄识伟略，应站起来鼓掌支持。

十七大上周落幕，胡锦涛总书记的报告催人奋进。要提点的是，谈到国民经济又好又快发展，报告首先强调自主创新。创新的重要性大家有共识，不必说，值得讨论的是如何推动创新。中国古代有四大发明，炎黄子孙曾引以骄傲；今天的人造卫星、载人航天，也足以让我们自豪。不过与发达国家比，整体水平有差距，事实回避不了，也不应回避。

不是要长别人的威风。中国人自古以勤劳著称，聪明好学天下少有，但有一点令人困惑，中国人聪明绝顶，可科技为何会略逊一筹呢？思前想后，关键的原因，我以为是缺乏创新的氛围与机制。从创新氛围看，两千年的封建文化，对国人的影响根深蒂固，官本位、讲中庸、重迷信、轻科学，积重难返，哪有科技不落伍的道理？欧洲文艺复兴，就是破除神权、崇尚科学，近代欧洲群雄并起，文艺复兴功不可没。

再看创新机制，至少有两点：首先是投入机制。毫无疑问，科技创新要有投入，若无资金做后盾，创新便是无米之炊，只能纸上谈兵。但有了钱，如果没有好的花钱机制，创新也是竹篮打水。这些年，国家在科研上花钱不少，养了一大批科研院所，可结果呢？人家整天忙写论文、评职称，到底有多少成果能转化成生产力，只有天知道。科研不见效益，只赔不赚，坐吃山空，政府当然力不从心。另一点是知识产权保护。如果没记错，英国早在1623年就颁布了《垄断权条例》，美国与法国颁布《专利法》，大约在1790年前后，而中国颁布第一部《专利法》，则是1950年。我们比西方晚了几百年不说，更麻烦的是，有法不依、执法不严的现象至今时有所闻。设身处地地想，你搞研发，别人仿冒而可逍遥法外，你肯在研发上花大钱吗？

妨碍创新的因素，当然不止这些，但以上诸点，却是最主要的，为解决这些问题，十七大对症下药，讲了四条原则，我都赞成，这里再结合个人的思考说点看法，也分四点谈。

第一，关于创新氛围。是的，创新氛围很重要。经验说，一个社会若崇尚科学，鼓励创新，那么一定会人才辈出。我们所面临的问题，是官本位。一个学者，若在科研上有了成就，他就可能想做官。为什么？因为当官有审批权，可以呼风唤雨。因此要营造创新氛围，必改革行政审批，不如此，官本位打不破，还会有更多的人才涌到官场那边去。还有个怪现象，当下我们有些媒体莫名其妙，对封建文化追捧有加，各类介绍政治权术的书报充斥市场，风水八卦大行其道。若此风不煞，必使科学沉沦，污染国家创新的环境。

第二，关于创新体系。实践证明，靠政府办科研，力所不逮，所以中央说，要加快建设国家创新体系。我体会，中央的意思就是要两条腿走路。一方面，政府作为创新主体，重点支持基础理论、前沿技术与公益性技术研究，这类项目盈利难，但社会效益大，政府义不容辞；另一方面，那些应用技术的研发，政府应考虑退出，让给企业去承担。无为方能有为，只有让企业也成为创新主体，政府才能收紧拳头，集中财力搞重大攻关。

第三，关于风险分担。把企业作为创新主体，好处是促进科技成果的转化，但困难是创新有风险。曾与企业家讨论过，他们说，企业想创新，就是风险担不起。成功了皆大欢喜，一旦失败，哪怕是亏一个亿，对企业就可能是灭顶之灾。这确实是实际问题，由此我想到的是，国家鼓励企业创新，那么能否建立一种风险分摊机制呢？美国纳斯达克股票市场是很好的例子。

第四，关于知识产权。应指出，保护知识产权是国家的责任，不仅要有法可依，而且执法要严。企业想赚钱没错，但如果不去创新，而是靠仿冒别人的技术发财，对这样的企业，国家一定要重拳打击。不然，对投机取巧、坐享其成的行为姑息迁就，整个民族最终会失去创新的动力。由此看，知识产权被侵犯不单是创新企业的损失，事关国家大计，政府决不可手软。

新互联网推广的困难

胡锦涛总书记年初说，要切实把新一代互联网建设好、利用好、管理好。仔细琢磨，此话传递出一个重要信息，中国正在建我们自己的互联网。但究竟谁在建，进展如何，当时我一无所知。几个月后，湖南卫视披露，新一代互联网落户湖南，并建成示范专网。我立即与湖南联络，对方证实说，确有其事。

无巧不成书。我正考虑赴湖南调研，湖南专网的主事人程恒知先生来京约见我，对网络技术，我一窍不通，是外行，但对新一代互联网的应用前景却很关心。此次见面，程先生给我介绍了中国（十进制）互联网的研发情况，而且化繁就简，解释了中国启用新一代互联网与租用美国互联网的区别。我能听懂的，大致有四点。

一是中国自主研发的新一代互联网（IPV9）比美国第二代互联网（IPV6）拥有更多的 IP 地址与域名。形象地说，如果美国第二代互联网能给地球上每一粒沙子赋予域名，那么中国新一代互联网，至少给每一粒沙子能分配 100 个域名。

二是现在互联网 IP 地址的分配权在美国手里，近水楼台，美国人自然要占尽先机。然而让人匪夷所思的是，目前分配给中国内地的 IP 地址，总和还不及美国斯坦福大学多。若中国新一代互联网启用，我们便能自主分配 IP 地址，并成为继美国之后第二个拥有网络地址所有权与分配权的国家。

三是维护信息安全。众所周知，目前互联网的 15 台根节点服务器，13 台在美国，一台在欧盟，一台在日本，而且全部由美国掌控。所有电子信息，都得经由美国解析，可以说，租用美国互联网，中国无密可保。相反，若启用自己的互联网，根节点服务器在中国，既能解析 IPV9 域名，又兼容 IPV4/IPV6，安全可靠，一网两便。

四是服务费用省。据称，我国每年要向美国支付使用现有互联网及其设备、软件的费用达 5000 亿元以上，这个数字超过了我国的年国防预算。而如果使用我们自己的新一代互联网，服务费将降至十分之一。

对程先生的一己之说，我不容易全信。眼见为实，9 月初，我和同事赴湖南考察；11 月底，又由我供职的中央党校经济学部做东，邀请国家发改委、科技部、信息产业部、商务部以及国防科技大学的官员与专家座谈，济济一堂，结果几乎一致的看法，认为我国新一代互联网的先进性毋庸置疑，问题在于国内用户习惯了美国的互联网，要转用新网，推广起来会有困难。

是的，互联网的转用，新旧交替，不会像换件衣服那么简单。若以经济学分析，习惯只是一方面，重要的是成本。乍听起来，中国新互联网的服务费低于美国，人们应当转用新网。其实，在用户眼里，成本并不只是服务费。经济学说的成本，是机会成本，是指做某种选择而放弃另一种选择的最高代价。比如选择上大学，成本是放弃工作；而选择使用新网，成本就是放弃旧网。

要害在于，租用美国互联网已有大量投入，比如购置服务器与路由器，买域名、建防火墙等，花钱不少，这些都是沉没成本。若旧网不用转用新网，那么使用新网的机会成本至少包括花在旧网上的投入。由此看，转用新网的成本并不低。访问过几家用户，目前对转用新网举棋不定，机会成本高是重要原因。

所以，要推广新网，亟待做的，是设法降低使用新网的机会成本。就像现在的主干网线，新旧两网共用，新网的成本不会增加。假若服务器与路由器也能互用，那么转用新网的成本则将大大降低。曾就此咨询专家，据专家说，目前旧网的设备，只需将新网软件稍作修改，新旧网皆可用，技术上无大碍。若此话当真，那么专家何不尽早解决呢？

应该承认，技术上，新网虽优于旧网，但也有先天不足。最主要的，就是新网用户少。如何争取用户？降低服务费是一法，但这并不足够，因为对一般商业用户来说，他们关心的是收益。而眼下的麻烦，是百度、谷歌等搜索引擎还搜不到新网信息，若商业用户此时转用新网，势必会丢失点击率，这样，广告收入会受影响。所以作为运营商，应尽快将新网与常用搜索引擎连通，此事易如反掌，但不早做会因小失大。

其实，新网的推广，可以先找一批基本的用户。我的看法，中国新网的基本用户，首先应是政府。上文说过，新网的优势之一是信息安全，而最关心信息安全的当然是政府。因此推广新网，不妨先把重点放在政务网上。毕竟政府不以赢利为目标，只要能说服政府带头，何愁新网没有基本的用户？

绝不是异想天开。前些天在长沙，湖南的领导对我说，只要新网能列入政府采购清单，湖南政务率先使用新网不成问题。一语道破，看来新网推广的困难，不仅仅在技术，而且还有体制的原因。摆明的一点，若国家有关部门不将新网列入采购清单，地方政府想买也买不成，爱莫能助，新网就只能被拒之门外。

坦率地说，对新网的推广，我是乐观派。新网技术成熟，中央又重视，体制问题我相信迟早会解决。问题是创新成果拖不起，事关国家利益，愿政府有关部门能从大局出发，对我国自主创新成果的推广，态度再积极些，支持力度再大些！

发展文化产业重在维权

中华文化源远流长，魅力无穷，但把文化当作产业发展，却起步晚，满打满算，也不过十多年。最近政府说，要大力发展文化产业。政府此举可谓高瞻远瞩，意义不可估量。有政府的重视，相信将来中国文化产业一定前景可观。短期内，若说追上先进之邦有困难，但长期看，不应是天方夜谭。国人当自强。时不我待，关键就看政府如何出招。

我看到的数据是早两年的，美国文化产业总产值达 8300 亿美元，英国为 610 亿英镑，分别占到当年 GDP 的6.65% 与 8%。韩国是新型工业国家，人口不到 5000 万，而文化产业的产值达 710 亿美元，占 GDP 的 8%。相比之下，中国的人口超出韩国 20 倍以上，而文化产业产值仅为 430 多亿美元，GDP 占比不到 2%。这样看，中国文化产业无疑是落伍了。

中国是文明古国，又是人口大国，我们文化产业的现状，与大国地位极不相称。其实，人乃高级动物，不仅有物质需求，也有文化（精神）需求。一百多年前，德国统计学家恩格尔就发现，随着家庭收入的增加，食品支出占总收入的比重会下降。而马斯洛说，人的需求可分五个层次：生理需求、安全需求、交往需求、尊重需求以及自我实现需求。显然，除了生理与安全需求，其他皆与文化有关。

并不是复杂的道理。设身处地地想，在日常生活中，你为何要读书看报？工作之余，为何要听音乐看电视，或者去找朋友聊天？所以如此，是因为文化需求与物质需求一样，也是人类与生俱来的。有人曾在北京西客站做过调查，问行人若吃饱穿暖后再有 10 元钱，是去喝啤酒还是看电影？答案有趣，选择一半一半。千万别小看这个数字，它至少告诉我们，当人的生存需求满足以后，物质需求与文化需求是对等的。

这就带出了一个问题。经济学说，需求引导供给。既然市场对物质产品与文化产品有等量的需求，可为何文化产业会落后于工业呢？文化部副部长孟晓驷博士有过解释，她认为症结在文化产品的维权成本要高于工业品，由于维权成本高，所以多数企业宁肯投资工业而不愿投资文化产业。若此说成立，那么进一步的推理是，发展文化产业关键在降低维权成本。

我赞成孟博士的观点，让我们先看两个现象。

第一个现象，世界上所有国家，文化产业起步通常都晚于工业，为什么？从维权的角度看，是由于工业产权保护立法要比文化产权保护立法早。就我所知，人类第一部工业专利法，1474 年诞生在威尼斯；而关于文化产权的法律，最早则是 1709 年英国颁布的《安娜法令》。相比之下，文化产权保护立法落后了不止两百年。

第二个现象，中国的文化产业为何落后于西方国家？我的答案是，中国的文化产权立法晚于西方。1910 年，清政府才颁布《大清著作权律》，比英国整整迟了两百年，比西方国家共同缔结的《保护文学艺术作品伯尔尼公约》也晚了数十年。而新中国的第一部《著作权法》，1990 年通过，次年才实施，这样算，比《伯尔尼公约》又晚了百多年。

当然，立法早晚是一方面，而更重要的是文化产权维护会有更高的成本。以英国为例，《安娜法令》1709 年问世，而之后相当长的时间，文化产业仍悄无声息，只是到了 20 世纪 70 年代才异军突起。何以如此？想来想去，我认为孟晓驷博士的观点对，是文化产品的特点导致文化产品的维权成本高于工业产品的维权成本。

首先，工业品的消费具有排他性，而文化产品的消费却不排他。比如一只水杯，我买下来就只能归我享用（支配）；文化产品不同，比如音乐光碟，消费者买的只是文化载体，不是文化产品，产品是碟里的音乐。一首曲子可无限制复制，你可以听，我也可以听，我听不妨碍你听，所以消费没有排他性。

其次，由于文化产品消费不排他，而消费者购买的只是文化载体，而非文化产品本身，那么复制载体的成本，必会大大低于文化产品的成本。比如一部三十万字的小说，作家也许花十年写成，而印制一本书的成本不足十元，也正是由于文化载体的制作成本低，所以才有盗版书大行其道，屡禁不止。

再次，由以上两点决定，文化产品的维权成本会高于工业品的维权成本。仿制一只普通水杯，成本与原生产成本相当，且一只水杯被盗，侵权者也仅一人；而仿冒文化产品，因为成本低，以小搏大，侵权者往往是千家万户。早在二十年前，邓丽君的歌曲磁带，私自翻录者应不计其数吧？由此看，打击文化侵权的成本怎能会不高于工业的呢？

是的，维权成本高，是妨碍文化产业发展的要害所在。近四十年，西方文化产业龙精虎猛，欣欣向荣，既得益于政府对文化产权的严格保护，也得益于现代科技为保护文化产权提供了手段。在美国，未经版权人许可从网上下载一首歌曲，最高可罚两万美元；而俄罗斯与欧洲不少国家，盗版被列入刑事犯罪，侵权将有牢狱之灾。从科技维权看，目前美国已研制一种蓝光 DVD 技术，令 DVD 光碟无法复制，这样也就大大省去了厂商维权的成本。

他山之石，当可攻玉。中国文化产业刚起步，政府若有意推动文化产业发展，我以为头等大事是维权。不仅要有法可依，关键在执法要严，对文化侵权行为要重拳打击。同时，政府还应有适当投入，扶持文化企业用高科技维权。在商言商，企业是要赚钱的，只要文化产业有利可图，哪有企业不投资的道理？若投资者能纷至沓来，那么可以肯定，中国文化产业大繁荣则为期不远矣！

大学博导的功用

自己从教十数年，一直对博导为何会成为学术头衔未曾深想。不久前回乡下，家父听说我是博导，问我博导是多大的官？我答他，博导不是官，就是普通教授。家父又问，所有教授都是博导吗？我答他不是。见父亲一脸茫然，我只好改口，告诉他博导相当大学里最高的职称。

家父没上过学，目不识丁，不过对断文识字的事看得重。当年我从学校毕业选择教书，父亲连声说好。后来我做了教授，有邻居告诉他，教授是大学里识字最多的人，父亲颇是欣慰，据说高兴得夜里睡不着。再后来，我评上了博导，父亲却不知博导为何物，问过不少亲友，皆不知所然，没人能给他说明白。

是的，博导究竟是咋回事？浅问题，但不好答。曾扪心自问：博导是职务吗？不应当是。既无级别也无下属，博导不管怎样看都不是官。那么博导是职称吗？似乎也不是。比如人家美国，副教授甚至讲师就可带博士，这样，把博导视为比教授更高的职称未免牵强，说不通。其实，博导就是一项差事，说白了，是指某个教师承担有指导博士生的工作。

有趣的是，博导既非职务，也非职称，可为何国内要给教授评博导呢？思之再三，我想到的答案，评博导是激励教授的一种手段。经济学说，人的行为一定服从约束条件下的利益最大化。比如企业家，他们要追求赚钱的最大化；政府官员，则追求职位的最大化；而大学教师，肯定是追求职称的最大化。我认识在大学教书的师友无数，可从未听说他们有谁只愿做副教授，不肯当教授。

问题就在这里，当教师不同于从政，从政台阶多，副科正科、副处正处、副局正局……一路熬来，最大化不易，故从政的为了职位最大化要终生勤勉；而当教师不同，只有讲师、副教授、教授三个台阶，人人都可最大化；而且一旦评上教授，差不多就可高枕无忧。按现在的职称制度，博士毕业先做讲师，两年后可评副高，五年后可升正高，也就是说，30 岁的博士去大学任教，若论文够数，40 岁前可升教授；论文少的，50 岁也能评上教授。这样麻烦就来了，评上了教授，船靠码头车到站，校方怎么激励教授呢？

当然，教授有敬业精神。现在的大学里，确有不少人评上教授后仍能专于学术，但不否认，也会有人懈怠歇气。某高校一位做系主任的朋友告诉我，他所在的系给老师们派课，年轻的讲师、副教授都好商量，一呼百应；但要是一旦评了教授，哪怕是上月刚评上，接受任务就推三阻四，与从前判若两人。我对高校今天的状况所知不多，但相信这样的事不在少数，不然，教育部就用不着发话要教授给本科生上课了。

由此看，要激励教授，就得设计出新的台阶。二十多年前，国人别出心裁，开始为教授评博导。你是教授，若不是博导，那么还不是最高级的教授，没有达到最大化目标。教授们为了评博导，于是又点灯熬油，再辛苦三五年，而这三五年内，不仅要多写书发论文，而且要听从领导调遣。从管理的角度看，用目标激励代替督促，无疑降低了管理难度，也节约了管理成本。

说博导是激励教授的台阶，不会错。但要追问的是，欧美国家为何不给教授评博导呢？难道是他们的教授无须激励？非也。曾访问过西方的一些大学，就我所知，他们搞的是聘任制。除个别教授能签到终身合约，多数人都有任期。长则三年，短则一年，合约期满，校方不续聘就得走人。而且，你在某大学是教授，换到别的学校未必还是教授。教授非终身，故为保饭碗，人人自危，谁也不敢掉以轻心。

显然，聘任制也是激励，与评博导有异曲同工之效。不过往深处想，两者却又有差异：聘任制是打破终身制，评博导是维持铁饭碗。谁优谁劣，虽不好做简单判断，但有一点可以肯定，聘任制是持续、重复的激励，而评博导是一次性激励，只取近功，难收长效。请问，在职称终身制下，教授评上博导后如何去激励？难道我们还要在博导之上再设什么台阶？

有消息说，国内某研究机构最近评选了学部委员，本人无先见之明，但此举却在意料之中。按现在评博导的做法，一年评一批，博导评多了，见多不奇，激励作用当然会递减。若要调动博导的积极性，就得再弄出新头衔来，否则博导功成名就，也就少了进取的动力。敢打赌，评学部委员还是个开头，若职称终身制不破，各高校很快会仿而效之，至于叫什么名头不好说，但迟早一定会评，不信我们等着瞧！

我说这些，并非反对人家评学部委员，其实我想说的是，为了激励学者，我们不厌其烦地评这评那，没完没了，何不学习人家西方打破终身制，改行聘任制呢？有人说，打破终身制利益攸关，反对者多。假若如此，眼下也有个两全的办法，即评聘分开。教授可照评，名分也可终身，但待遇不搞终身制。教授只有被聘用，才能拿相应的薪水。这样双管齐下，各得其所，岂不善哉！

评职称为何不能抓阄

眼下正是评职称的季节，一年一回。不难想象，多数参评人由于成败难料，近一段会寝食难安。评委虽大权在握，但也不一定轻松，不是说要应付各种游说，而是评委都是过来人，知道职称对每个教师利害攸关，要对众多参评人作取舍，个中难处局外人怕是难有体会。

说我自己的经验。我供职的中央党校经济学部，今年有五位副教授待评正高，而上头给的指标就一个，僧多粥少，谁上谁下？现在的办法是让评委投票。平心而论，投票定输赢，应算是公平，可参评人未必这么看。评上了的当然没话说，可那些未评上的往往会认为评委不公正。职称年年评，天长日久，这样同事之间难免伤和气，产生隔阂。

于是突发奇想，评职称为何不让当事人抓阄？评委只审核参评人资格，若著作与论文达标，教课量够数，那么就可参与抓阄。听天由命，抓中了就当教授，抓不中只怪自己时运不济，与旁人无关。这个办法，显然规避了评委与参评人的矛盾，而且每人成功的几率相等。可问题是那个最优者，若投票，他成功概率更高，改为抓阄，概率要降低，因此他会认为不公平。

曾说过多次，公平是价值判断。文化背景、利益取向、收入状况，都会影响人们的公平观。经济学研究资源争用，通行的规则是出价，出价高者先得。而且经济学还说，若产权明晰，按出价规则分配资源可避免租值耗散，减少浪费。但这样做公平吗？不一定。我钱多，你钱少，若用出价多少决定我俩谁升职，显然对你不公平。

是的，出价规则强调的是效率，富人之间争用资源，看出价高低也许公平，但贫富之间却非如此。所以为照顾公平，某些时候投票与抓阄也会成为竞争规则。尤其是非经济资源的分配，由投票或抓阄决定的例子随处可见。不过要研究的是，现实生活中哪些竞争应投票决定，而哪些竞争可以抓阄呢？

我观察到的案例，最明显的，职位竞争大多是投票。记得学生时代，谁当班干部通常要经过选举，当然也有老师指定的，但老师指定的班干部，威信就大不如投票民选的。而且从小学到大学，我从未见到哪个学校选班干部采用抓阄的办法。不仅选干部不抓阄，评先进也不抓阄，先进人物是榜样，若大家不认同，榜样作用则无从发挥。

综观历史，晋升职位的规则五花八门，有上头委任的，有经科举考试的，也有投票民选的，但即便如此，却没有哪个国家什么时候靠抓阄决定过人们的升迁。进入现代社会，民主诉求越高，政治越开明，投票选举也就越普遍。十多年前，中国还只是村委会主任开始民选，而现在的县长、市长、省长，一直到总理，都得经由人大代表选举产生。

是的，投票的例子很多。不过话说回来，现实生活中抓阄的例子也不少。亲眼所见，当年在老家宅基地的分配就抓过阄。分配宅基地的困难是地理位置有优劣之分。最好的位置，人人都想得到，若投票决定，每户一票，大家当然会把票投给自己，这样结果自然投不出。若由村委会指定，又难以服众，意见会一大堆，故唯有抓阄，让村民自己碰运气，不管谁抓中，彼此心服口服，不会有矛盾。

我亲历的另一个例子，是读大学时宿舍做清洁。寝室住六位同学，周一至周六，每人一天，麻烦在周日，谁负责清扫，投票没法定。起初靠自觉，谁有时间谁打扫，可时间长了，谁也不再主动。怎么办？大家一合计，决定抓阄，一月抓一次，抓中的同学每周多干一天活，如此四年下来，秩序井然，大家相安无事。如今老同学见面，这件事竟成了有趣的回忆。

由此看，某些事情的决断，抓阄会比投票更有效。但这绝不是说抓阄万能，遇事都可抓阄。我的看法，一件事情如果有外部效应，会对公众产生影响，那么就应该投票；反之，如果某件事情没有外部效应，不伤害别人的利益，抓阄则未尝不可。上面的例子，职位竞争所以投票，是因为官员握有公权；而宅基地分配与周日清洁，不论结果如何，皆不伤及公众利益，故抓阄也无妨。

要提点的是，投票是集体选择，抓阄是个人选择。通常的情形，集体选择是奉行多数原则。多数通过的投票结果，大家都得服从，这样投票势必要限制少数人的自由。相反，抓阄尊重个人自由，但很多公共事务的决断又不可抓阄。自古难两全，投票有美中不足，抓阄也有局限。所以选用投票还是抓阄，关键是看所决断的事项是否有外部性。

回头再说评职称。不错，升教授是个人的事，似可抓阄。但对校方来说，让谁当教授却事关学校前途。一流的大学，不仅要有一流的设施，更要有一流的教授。教师授业解惑，对学生的影响举足轻重，外部性强。也正因如此，评职称就得投票。而且依我看，评职称不仅要由专家投票，还得要有学生参与，教师的服务对象是学生，不符合学生的选择，投票也就背离了初衷。

写到这里，也许有人问，国外的教授由校长聘，为何不投票？表面看，他们的确没投票，但仔细想，背后其实也是投票决定的。不过参加投票的不是专家，而是学生，或者准确说，是学生家长在用货币投票。国外的大学多数私立，私立大学若无一批真材实料的教授，家长怎会掏钱把孩子送进去？设想一下，假若你是校长，想通过招生筹措经费，那么聘教授怎会对学生的需求置若罔闻？

经济学与经济学家

11

经济学究竟解决什么问题

哲学家苏格拉底每天黎明即起，披起大氅，走到中心广场与人进行谈话和讨论。在簇拥着他的弟子中，有一个贵族的后裔，名叫色诺芬。色诺芬是个有心人，他把每天从苏格拉底那里听来的一些有关奴隶主应该如何增加财产的思想片段记录下来，结合自己管理庄园事务所积累的经验，编成了一本书，题名为《经济学》。从此，"经济学"（economics）一词，也就是由此处的希腊文（oikonomos）转译而来。

希腊语的"经济学"一词由两部分构成：oikos 是家庭，nomos 是管理。可见，最初的经济学所要解决的问题，实则是有关家庭财产管理这门学问的。亚里士多德在他的《政治学》一书中，继续按照色诺芬所赋予的含义使用经济学这一名词，从而在整个中世纪，经济学都不过是一门关于个别家庭、个别庄园如何致富的学问。至于有关商业、货币流通、国家财政等涉及整个国家的经济问题，通常被学者们放在政治学或伦理学的著作中进行讨论（中国古代“经济”一词从“经邦济世”而来，也属于政治学的范畴）。一直到15世纪末期，封建自然经济瓦解，商品货币关系建立，国家统一市场形成，中央集权的君主政体出现，才使得整个国家的财富问题、政府的财政税收问题，日益重要起来。在这以后几代人的时间里，以斯图亚特、亚当·斯密、李嘉图和西斯蒙第等为代表，无数学者致力于这项专门研究，并不约而同地把他们讨论整个社会经济问题的论著冠以“政治经济学”的名称，以区别研究家庭财富管理的经济学。

经济学研究的内容乃至命名，是由1890年一本后来被西方经济学界赞誉为“划时代的著作”——《经济学原理》所改变的。这位名传四方的作者，是英国剑桥大学的经济学家马歇尔教授。他一反传统思路，不再像古典经济学家那样，只重视对生产的研究，而把研究的重心转向了消费、需求以及资源的优化配置上，并认为商品的价值不是取决于商品中所包含的劳动量，而是取决于人们对商品效用的主观评价。这一转变逐渐使经济学由一门主要研究整个国家如何致富的学问，转变为主要研究个别消费者行为、个别厂商行为以及对价值价格决定机制的学问了。“经济学”一词也正式取代“政治经济学”，而为广大西方经济学者所接受。在马歇尔那里，经济学所要解决的问题，是如何更有效地提供种类繁多的物品和劳务，以满足人们多种多样的欲望，使人类过得更快活。

但是，马歇尔建立在个别消费者、个别厂商等微观层次上的经济理论，并不能解决1929年~1933年世界性经济大危机后西方国家普遍存在的经济停滞、通货膨胀以及严重失业等诸多问题。严酷的现实再一次使学者们陷入了沉思。1936 年，一本石破天惊的经济学大作《就业、利息和货币通论》问世，著者是马歇尔的学生凯恩斯。《通论》的发表，一方面使惊魂未定的人们看到了希望，另一方面也使经济学本身发生了一场深刻的“革命”：传统的经济学体系遭到了背离和抛弃，取而代之的是一套以国民收入等总量分析为主要方法的宏观经济学体系的建立。而该经济学所致力于研究和解决的问题，是帮助政府同时实现充分就业、物价稳定、长期经济增长和国家收支平衡等四大宏观经济目标。至此，经济学完成了“从微观经济学到宏观经济学的过渡”，经济学的理论大厦最终得以确立。至今，整整这一代的经济学家，都仍在沿着凯恩斯开辟的新路线前进。

从苏格拉底和亚里士多德到凯恩斯，再到写《丰裕社会》的加尔布雷教授，时间整整过去了二千二百五十年。经济学也由最初的一些天才思想，发展成为体系完整、论述严密、流派纷呈的“社会科学之王”。但是，不管经济学家怎么表述，也无论这门科学如何变迁，经济学所必须面对的问题，归根结底却只有一个，即如何选用有限的资源来生产有价值的商品，并把它们进行合理分配。结合中国的实际，可以把其表达得更通俗一些，即当三个人的饭五个人吃时，如何使他们吃得有积极性；而当三个人的活五个人干时，如何使他们不偷奸耍滑——这便是经济学自始至终致力于解决的问题。

事实上，只要存在人类社会，便一定有人的生理上或心理上的欲望，也就必然会有满足这些欲望的物质资料生产。但是，相对于人的无穷无尽的欲望而言，生产物质资料的经济资源总是显得不够，即总是处于一种稀缺状态，或者说，总是存在“三个人的饭五个人吃”的问题。这样，如何选择、分配和有效利用现有资源，使生产出来的物品能够最大限度地满足人类的欲望，便是人类社会与生俱来的基本问题，对这一问题的解答，必须依赖经济学。与此同时，本来就稀缺的资源，在实际生产过程中，却是处处得不到物尽所用，即总是存在着相对的过剩状态，或者说，总是存在“三个人的活五个人干”的问题。所以，如何确立有效的原则和机制，使资源配置最优，以尽可能地避免闲置和浪费，这也是经济学不得不担当的责任。

因此，当世界只有一个人生存的时候，可以不需要经济学，但当从一个人发展成一个群体，及至整个人类社会的时候，经济学以及由此制定的经济政策便不可或缺。经济学的任务，就是要解决为什么“一个和尚可以挑水吃，两个和尚抬水吃，而三个和尚却反而没水吃”的问题。对这样一个历史性难题，落脚到一点，就是经济学的伦理及效率和公平问题。事实上，经济学的发展历程，也就是在效率和公平之间寻找平衡点的过程。而这一过程永远不会完结，因为只要新的欲望出现，那么，已经建立起来的平衡就会被打破，寻找和确立新的平衡的工作便又开始。这便是经济学永恒的使命。

开启经济学大门的钥匙

任何一门科学，都有它最基本的理论，这不仅是支撑科学大厦的基石，而且也是开启科学大门的钥匙。经济学发展数百年，如今已是流派林立，学说纷呈，蔚为大观。但若将最本原的东西梳理出来，你就会发现，基本的、管用的理论其实并不多。

经济学的基本理论，归结起来就是三个假定、三个原理。这三个假定是经济人假定、资源稀缺假定和保护个人产权假定；与此大致对应，便是三个原理，即利益最大化原理、供求原理和等价交换原理。这六条，简单得令人吃惊，但却是经济学智慧的结晶，也是历代经济学家借以看家的本领。人们懂得它，不一定能成为经济学家，但如果不掌握它，一定成不了经济学家。

为什么说这三个假定、三个原理是经济学的基本理论呢？

因为二百多年来，它反复经过实践检验，颠扑不破。比如经济人假定，把人看做是理性的利己主义者。为什么要这样假定呢？因为事实即是如此。人们如果不自私，就不会有劳动的积极性，政府也无法通过政策调节经济。举个例子，前些年银行接连降息，目的是为了减少居民存款，扩大内需。但如果老百姓不自私，任你银行利率如何降，人们都无动于衷，国债利率如何高，大家也不稀罕，那么政府刺激消费与投资，不就落空了吗？事实上，那几年降息对扩大内需，已经取得了很好的效果，这正好说明，人是理性利己的。

再说，我们为什么要提倡无私奉献？因为人们客观上都是自私的，能做到无私不容易，所以对能做到无私的先进人物，理所当然要予以鼓励。但鼓励是一回事，客观存在又是另一回事，假如我们把要鼓励的东西当作已经存在的，那就大错特错了。这方面我们有过教训，最典型的就是把政府官员都当做无私奉献的圣人，所以长期实行低工资制度。结果如何呢？一是政府效率低，二是腐败屡禁不止。各国经验表明，高薪未必一定养廉，但低薪肯定导致腐败。

关于资源稀缺假定和保护个人产权的假定，学界似乎争议不大。市场经济所以强调要合理配置资源，就是因为资源稀缺。资源如若不稀缺，能敞开供应，需要多少有多少，那么还要我们研究资源配置做什么？现在有一种观点，说随着科技进步，资源将不再稀缺。比如煤烧完了可以烧油，油烧完了，还会有新的能源出现。而我要问的是，既然有煤烧，当初何必去勘探石油？现在有了石油，人们还何苦劳神费力地去开发新能源呢？答案不言自明，因为每一种资源都是有限的。科技再发达，恐怕也改变不了这个事实。至少资源无限的说法，至今尚未得到实践的检验与支持。

保护个人产权的假定，主要是基于效率的原因。假如我所有的财产得不到法律保护，你可以随便拿，那我也不是傻瓜，也不会努力工作，更不会积累财富，需要时到别人家里去拿好了。可是大家都这么想，谁会积攒财富呢？若如此，社会怎么进步？经济怎么发展？所以保护个人产权，实在是社会经济发展所必需。

有了上面的三个假定，再做进一步的推理，就有了三个原理。

第一个原理，利益最大化原理。既然人是自私的，必然就会谋取自身利益的最大化。中国老百姓有一句俗话：人为财死，鸟为食亡。别看这只是一句俗语，却是千百年来人们对自身经济行为的总结，揭示的是一个浅白而又深刻的经济学原理。资本主义生产为什么会过剩？马克思的解释是资本家有追求剩余价值最大化的倾向，故而生产有无限扩大的趋势，而劳动者有支付能力的需求日益缩小，所以产品就会卖不出去。我们现在为什么也出现了生产过剩？因为市场经济条件下我们的企业也是经济人，要追求利润最大化，生产规模也要不断扩大，人们的收入跟不上这种增长，所以就形成了今天的买方市场。

第二个原理，供求原理。这是由经济人假定和资源稀缺假定导出的。既然资源有限，人们又追求利益最大化，所以就出现了供求问题。当某种资源一定时，需求越大，价格就越高，反之，供给大于需求，价格就会下降。经济学中的需求曲线，自左上方沿右下方倾斜就是这个道理。这其实也就是我们通常讲的价值规律。

第三个原理，等价交换原理。自从产生了社会分工，人们就难以自给自足了。我生产粮食，你生产布匹。可我需要穿衣服，你也需要吃粮食。粮食和布匹的产权又是受法律保护的，也就是说，我不能去你们家随便拿布匹，你也不能上我们家随便取粮食，怎么办呢？唯一的办法就是交换。并且这种交换还必须等价，交换双方都要感到合算。否则，倘若有一方觉得吃亏，交易都不会达成。所以，是社会分工与个人产权的保护导致了等价交换。

运用上述假定和原理分析经济问题，还需要三个方法，即成本收益分析法（静态与动态）、均衡分析法（静态与动态）以及帕累托标准。前两个方法，大家都很熟悉，而帕累托标准，需要略作解释。1897 年，意大利经济学家帕累托（Vilfredo Pareto）在研究资源配置时，提出了一个所谓的帕累托最优状态标准，人们简称为帕累托标准。意思是说：在某种既定的资源配置状态，任何改变都不可能使至少一个人的状况变好，而又不可能使任何人的状况变坏。否则，就是帕累托改进，而不是帕累托标准。举个例子，现在有 20 人要过河，但一只小船只能载 19 人，假如我们已经让 19 人上了船，船已满载，此时，我们就称之为达到了帕累托最优状态，因为如果再多让一人上船，就会因超载而给另外 19 人带来危险，损害别人的福利。反之，如果本可以载 19 人的船，我们只让上 18 人，也不符合帕累托标准，因为此时还可以增加一个人的福利，而不会损害到他人。

上面这三个方法，是作经济分析最常规的方法。现代经济学的体系，其实就是根据三个假定、三个原理、三个方法构造起来的。比如，从经济人假定出发，根据利益最大化原理，运用成本收益分析方法，就形成了厂商（生产规模）理论；从资源有限的假定出发，根据供求原理，运用均衡分析方法，就形成了市场价格理论；从保护个人产权出发，根据等价交换原理，运用帕累托标准，就形成了按要素分配理论。这些假定、原理、方法，不仅适应微观经济分析，而且适应宏观经济分析。宏观经济，不过是微观经济的放大，它也得服从基本的经济规律。现在经济学界，尽管流派五花八门，其实只是经济学家在运用这些假定、原理、方法时，加进了一些新的约束条件，或者是作逻辑推理时，各人的功力不一样而已。

应当指出的是，经济学的基本理论，虽然只有三个假定、三个原理、三个方法，但它就像中国人的八卦，一旦把它们组合起来，却博大精深、变化无穷。《孙子兵法》说起来只有三十六计，但要运用好，可不是件易事。它需要兵家审时度势、用计得当，方可得胜。作经济学分析也是如此，我们必须先弄清经济问题产生的背景与条件，选择恰当的理论与方法，做出合乎逻辑的推理与判断，才是找到问题的正确途径。

中国经济学家的责任

拿破仑曾经讲过一个笑话：聪明但喜欢走捷径的人，最好去当将军；又聪明又勤快的人，让他去当参谋；不聪明还爱偷懒的人，可以去当传令兵；但勤快却愚蠢的人，最好什么也别让他做。在现代社会中，如果按拿破仑的说法对号入座，经济学家应该努力去扮演“参谋”的角色。

经济学家既然要当参谋，那么，就要研究现实、服务现实。如果脱离了实际，顶多是一个“黑板经济学家”。当年，王明从莫斯科中山大学毕业，学了一肚子理论，言必称马列，自称是百分之百的布尔什维克，可就因为他脱离了中国的实际，致使第五次反围剿失败，工农红军被迫长征，给中国革命造成巨大损失。相比之下，毛泽东没喝过“洋墨水”，他的马列主义不仅从书本上学，而且更注重从实践中去总结，结果被王明说成是“山沟里的马列主义”，但“山沟里的马列主义”反而管用，反而能救中国。对我们的经济学家来说，这应当是一个启示。中国现在的经济学，无非来自两方面：一个是马克思主义的经济学，另一个是西方经济学。但不管哪个方面的经济学，都必须与中国的实践相结合。说得更直白一点，就是中国的经济学，也应当成为“山沟里的经济学”。中国的经济学家，应该根植于中国的土壤，致力于解决中国自己的问题，努力成为“山沟里的经济学家”。

其实，一部经济学说史，就是一部经济学家关注现实、改造世界的历史。18 世纪中叶以前，欧洲各国的经济干预政策给资本主义的发展戴上了枷锁，针对这种情况，亚当·斯密登高一呼，阐述了他著名的“看不见的手”的理论，提出了自由贸易、自由放任的主张，从而为资本主义松了绑，为工业革命和资本主义黄金时代的到来铺平了道路。不过，再伟大的理论，也包容不了不断发展的现实，到 1929 年，纯粹自由放任的政策，走到了历史的尽头。大危机的风暴席卷西方，企业倒闭、工人失业、生产萎缩、经济凋零，资本主义制度临近崩溃的边缘。就在这关键时刻，英国经济学家凯恩斯挺身而出，开出了一剂医治危机和失业的“药方”，使资本主义起死回生，凯恩斯本人也由此成为拯救西方世界的英雄。然而，凯恩斯的“药方”同样不能包治百病，20 世纪 70 年代，凯恩斯政策的“后遗症”开始发作，西方经济出现了“滞胀”的局面。为了打破这一僵局，以拉弗为代表的一批经济学家，设计出一套以减少税收、稳定货币政策为主要内容的经济纲领。这套纲领，帮助里根赢得了 1980 年的大选，并为里根执政期间医治通货膨胀、刺激经济增长立下了汗马功劳，以至于在美国历史上开创了一个“里根经济学”的时代。

市场制度在西方经历了几百年的演变过程，许多制度安排，经过长期的磨合，已经达到了相对稳定的状态。这就好比一条大河已经形成，人们在大河的旁边，依山傍水建造城市，尽管有时候也要对河道进行疏通，但这毕竟只是局部的治理。然而在中国，情况就大不一样了。我们的改革，是要实现从计划经济到市场经济的转轨，这就好比是在城市已经初具规模之后，让大河改道。如果设计得不好，一旦大河改道不成，河水泛滥，那后果就可能是灾难性的。从这个意义上讲，中国经济学家所面临的挑战，比西方经济学家所面临的挑战将更为严峻。因而中国经济学家更需要立足现实、脚踏实地，不仅要有大刀阔斧的勇气，而且要有战战兢兢、如履薄冰的谨慎。

回顾过去，中国的经济改革成就卓著，展望未来，今后的道路并不平坦。自古华山一条道。一系列重大的理论和现实问题横亘在我们面前，不容我们不做出回答：经济周期问题、国有企业改革问题、金融改革和金融风险问题等等，剪不断，理还乱。但有一点非常明确，把解决这些问题的责任完全推给政府决策部门，推给经济决策部门的官员，是不合适的。经济改革和经济发展是全民族的事情，每个人都应为此尽一份力。经济学作为当今的“社会科学之王”，经济学家作为一个以经济研究为职业的群体，更应该就如何解决这些问题提出建议，以便为政府决策提供选择的方案。因此经济学家不能只描述经济现象，回答“是什么”的问题，还要对症下药，解决“怎么做”的问题；不能只是一味地指责这个不行，那个不管用，还要说明怎么才能行，怎么才管用；不能只埋头在书斋里，钩沉索引，构筑自己的理论大厦，还要投身到现实中，有的放矢，拨云见日；不能只做事后诸葛亮，单纯地总结教训，还要做事前诸葛亮，未雨绸缪，防微杜渐。一句话，经济学家不仅要看病，而且要开药方，不仅要惩前毖后，还要治病救人。这是经济学的传统，也是经济学家的责任。

经济学和政治学毕竟不是一回事，政治源于经济而又高于经济。经济学家提出一项主张，与政府部门做出某项决策，面临的可能是完全不同的约束，依据的可能是完全不同的条件。明白了这个道理，有助于我们走出书斋，进入角色，以求提出的建议尽量符合实际。避免犯不当家不知柴米贵的毛病，或者闹出堂·吉诃德大战风车式的笑话。同时，明白了这个道理，也有助于我们在一项合理的建议没有得到采纳时，保持平静、平和的心态。这个时候，我们最好是相信理性的力量，相信逻辑的力量。改革就是一个探索的过程，探索就是一个认识的过程，十多年前，当经济学家们提出股份制，提出市场经济体制的时候，并不能被大多数人所理解，然而谁又能否认，今天我们正在朝着这样的目标大步地迈进呢？

毛泽东同志在《中国革命的战略问题》中有一句名言："中国革命战争的规律——这是任何指导中国革命战争的人不能不研究和不能不解决的问题。"由此我们是否可以做一个类比：中国现代化的规律——这是任何直接或间接地指导中国现代化事业的人们，不能不研究和不能不解决的问题。在山叠嶂、水纵横的经济改革之路上，中国经济学家要拿出顶风冒雨的雄心，舍我其谁的气概，秉承经济学的传统，真正肩负起经济学家的历史使命。

稳定经济的力量

1887 年，美国作家爱德华·贝拉米写了部小说，名为《回首前尘》(Looking Backward)，描述的是主人公在 1887 年入睡，到 2000 年一觉醒来，发现百年过去，沧桑巨变，人们昔日的梦想，均已变成现实。书中写道：一个人再也无须为明天担心，从摇篮到坟墓，政府为每一个公民都做了精心安排，老有所养，弱有所助，社会保障尽善尽美，公众福利一应俱全。小说出版后风靡一时，从此，提供"从摇篮到坟墓"的社会保障，成为政府为民造福的最高目标。

当然，现代政府的职能，并不只是建立社保体系。著名经济学家弗里德曼，曾将政府职能归纳为四类：保证国家安全、维护司法公正、弥补市场缺陷、保护"不能对自己负责"的社会成员。显然，政府作为市场经济中的一极，和企业不同，它所提供的是市场无力提供的公共物品。它参与经济生活，既不唯利是图，也不嫌贫爱富，而是心系公众，保护弱势群体。当经济出现震荡，企业和消费者束手无策时，政府就得站出来，通过宏观调控，熨平经济波动。正因为如此，经济学家通常把政府理财称为“公共财政”。

常言道，不当家不知柴米贵。一个家庭，开门立户过日子，必须精打细算，量入为出。财政包罗万象，关乎芸芸众生，因此，更要开源节流，合理收支。从收入看，早期君主王国，政府收入来源有二：一是亲力亲为，做些买卖赚些银两；一是凭借国家权力，从老百姓收入中收取部分税收。现代社会，政府除了提供公共产品外，已经很少涉足生产经营，国家财政经费主要依靠征税，于是税收已经成了国家的“粮仓”、政府的钱袋子。在亚当·斯密时代，政府只是个守夜人，故财政支出也仅限于四个方面：国防费、司法经费、公共工程和公共机关的费用。然而，20 世纪 30 年代的大萧条，却改变了财政的角色。财政不再是单纯地维持政府运转，还担负起了配置资源与再次分配的重任，成了稳定经济的重要力量。

财政作为调节经济的杠杆，虽然历史不长，但却屡立奇功。20 世纪 30 年代，面对人类历史上从没有过的经济大萧条，美国总统罗斯福采取断然措施，实施“新政”。拿出 132 亿美元，实施以工代赈，为数百万失业者提供临时工作；耗资 65 亿美元，兴办公共工程，由私人承包，刺激社会投资。利用这种扩张性财政政策，加大公共部门经济活动，弥补民间投资不足，同时通过重建金融，硬是将美国经济从崩溃的边缘拉了回来。20 世纪 60 年代及 80 年代，美国又分别实施了肯尼迪“减税计划”与里根“经济复兴税法”，大幅度减税，将走向衰退的经济拉成了一条上滑线。如今，美国财政支出，已经占到了GDP的三分之一强，正由于政府握有大量资源，所以才显得财大气粗，牛气冲天。

1998年，在亚洲金融危机和长江特大洪灾的双重打压下，中国经济增速明显放慢，物价持续下跌，需求严重不足。中国政府审时度势，第一次使用了积极的财政政策。从1998年到2002年，中国政府发行了6600亿元长期建设国债，带动银行贷款和其他社会资金形成3.28万亿元的投资规模。在扩大政府投入的同时，调整税率和税种，加大出口退税力度，暂停征收固定资产投资方向税，刺激内需和出口。积极的财政政策旗开得胜：1998年至2002年的五年间，按可比价格计算，GDP平均每年增长7.7%，由国债投入拉动的GDP增长每年达到1~2个百分点。积极的财政政策不仅保持了中国经济的健康发展，而且办成了不少多年想办而没办成的大事。

中国古代哲学家老子曾说：治大国如烹小鲜。对当代政治家而言，只有财税理论烂熟于心，运用财政政策收放自如，才能经邦济世，举重若轻。由此看，财政活动绝非简单的收入支出，它牵动民生，关系国运。税种设计、税率调整、国债资金投放，不仅影响财政收入多寡、预算是否平衡，更重要的是这些宏观财政决策，给市场主体发出了强有力的信号，能够引导资源合理流动，促进产业结构调整升级。除此之外，超额累进的所得税、遗产税以及财政转移支付等，有利于调节收入，缩小贫富差距，体现社会公平。还有寒者得衣，饥者得食，老有所养，病有所医，也是政府责无旁贷的义务。政府唯有不负重托，才能彰显财政心系天下的宗旨，让千百年来人们憧憬的梦想，真正变为美好的现实。

以史为鉴　可知兴替

据说早在八千年前，古老的黄河流域就诞生了农耕文化。人们日出而作，日落而息，男耕女织，生息繁衍，创造出灿烂的华夏文明。尧舜禹、夏商周、秦皇汉武、唐宗宋祖，威加海内，臣服四方。泱泱大中国，直到18世纪，还是康乾盛世，国富兵强。“普天之下，莫非王土，率土之滨，莫非王臣。”在东方巨人眼里，大洋西面的世界，无非穷乡僻壤、蛮荒小国，尔等只配朝圣觐见，以我为师，天国绝不会降格屈尊，向西方学习。

与我们妄自尊大、好为人师相反，那些“蛮夷之邦”，从未错过向中国学习的机会。盛唐时期，东瀛使者不畏艰险，越洋而来，他们不仅穿上宽袍大袖的唐服，练习笔走龙蛇的汉字，还带走了朱雀大街的图样、大唐帝国的典籍律令。与日本人相比，欧洲人的好学精神，有过之而无不及。中国的四大发明让他们如获至宝，一批批船队装上罗盘，扬帆东行。商人扔掉鹅毛笔和羊皮，印刷出讨伐暴君的檄文；倒皇派摘下长剑和头盔，用火药枪击溃朝廷军队，建立起共和体制。

对西方的风云巨变，中华帝国一无所知。当麦哲伦环游全球时，明朝嘉靖皇帝却颁布谕旨，宣布“闭关”。文治武功震古烁今的乾隆皇帝，也在给英王乔治三世的信中回绝了扩大通商的要求。西方使节送来的火炮、船模、望远镜，被视为奇技淫巧，束之高阁。英伦三岛的机器轰鸣，美国哈得逊河上汽笛的尖叫，被紫禁城厚厚的宫墙隔开，中西差距在不知不觉中越拉越大。1776 年，英国的亚当·斯密发表《国富论》，在书中他指出，忽视海外贸易，闭关自守，使中国的文明停滞了。

鸦片战争的失败，使中国的有识之士猛醒。禁烟英雄林则徐，最早睁眼看世界，但一片苦心编撰的《四洲志》，未及上达圣听，本人就被发配至新疆。他的好友魏源，皓首穷经，历十余年写成百卷《海国图志》，在国内的发行量却不及在日本的，其“师夷长技以制夷”的天才思想，让日本人发挥得淋漓尽致，甲午海战以大清舰队全军覆没收场。著名思想家严复，潜心翻译《国富论》，可大清官员怎听得进洋人的“一派胡言”，维新变法的经济改革政策，呱呱落地不足百天，就中途夭折。西风东渐没多久，大清帝国已经荡然无存。

冬去春来，潮涨潮落，诉说着大自然的变化。繁荣鼎盛，政亡人息，折射出人类社会的发展规律。19 世纪上半叶，“日不落帝国”还是“世界工厂”，伦敦银行吞吐着天下财富；五十年后，美国就通过高速工业化，把昔日的宗主国甩到了身后；拿破仑叱咤欧洲大陆时，德意志还是四分五裂，一盘散沙，但它以经济统一促进政治统一，通过普法战争成了欧洲新霸；日本在“二战”后脱胎换骨，以产业政策推动经济赶超；苏联改革的列车却脱出轨道，卫星上天，红旗落地。工业革命以来的近三百年，世界各国大变革、大竞争、大交流，有的先声夺人，有的激流勇进，有的奋起直追。真乃百舸争流，群雄逐鹿，演绎出一幕幕惊心动魄的人间活剧。

直到20世纪80年代以前，我们对西方经济发展的历史还是以管窥豹，知之甚少。由于种种原因，国人对西方的经济成就更是避而不谈，讳莫如深。闭塞视听，盲目自大，使我们长期缺乏冷静的观察思考、认真的学习借鉴。我们曾以苏联老大哥为师，建立了僵化的计划经济体制，认为计划是社会主义独门单方，资本主义实行的是无序的市场经济，最终会引发危机。殊不知早在20世纪30年代大危机后，美国罗斯福总统推行“新政”，就借鉴社会主义苏联的一些做法，实行了国家干预。1936年，英国经济学家凯恩斯的《通论》发表，此后政府调控经济，风行整个西方世界，并创造了数十年的经济繁荣。我们也曾认为，社会主义和资本主义的根本不同，就在于前者是“一大二公”，后者则是生产资料私人占有。却没有看到，“二战”后，欧洲各国大搞“国有化”，国家对经济的控制，比起我们来并不逊色。即使在食不果腹的年代，我们还曾以为，西方国家的人们仍生活在水深火热之中，却不知人家早就建立了社保体系，福利政策让我们望尘莫及。当我们为既无内债、又无外债沾沾自喜的时候，国际贸易、资本全球流动早已蔚然成风……闭上眼睛捉麻雀，使我们一次又一次地与“历史机遇”擦肩而过。

“亡羊而补牢，未为迟也”。二十多年来，我们冲破樊笼，解放思想，立足国情，锐意改革，敞开国门，大胆吸收发达国家一切有用的文明成果，国家建设欣欣向荣，经济发展一日千里。改革开放的二十多年，从一定意义上说，也是对西方经济发展历程的重新认识、重新定位、重新估价的二十多年。我们承认了世界的丰富多彩，得出各国文明的多样性是人类文明进步动力的结论。我们不再视西方文化为洪水猛兽，而是大胆借鉴，为我所用。正是由于我们党坚持了解放思想、实事求是的思想路线，中国的改革才一路顺风顺水，稳步前行。当人类迎来新世纪的曙光，中国已洗去百年耻辱，跻身于世界强国之林。

放眼世界，经济全球化风起云涌，加入世贸组织，中国与世界的联系将更加紧密。历史行进于此，一次新的发展机遇，正在朝我们迎面走来。但毋庸讳言，我们也将会遭遇到更为严峻的挑战。知己知彼，百战不殆。以史为鉴，可知兴替。因此，我们必须向他国学习，向历史学习。历史是一面镜子，学习西方经济史，就是为了观照现实，解决中国的经济问题。我们深信，当西方经济史中的经典事件逐一展现在我们面前的时候，那些曾经莫衷一是的经济理论，举棋不定的经济决策，盘根错节的经济关系，功过难评的经济后果，一定会触动我们的心灵，引发我们对中国经济问题的深入思考。如果我们能从西方国家的兴衰嬗变中，从已经发生的经济史实中，得出经验教训，并用以指导实践，我们一定会扬长避短，趋利避害。中国改革的巨轮，也一定会乘风破浪，一往无前。

附录 12

政府如何扩大内需[①]

我们现在所遇到的许多难题，都与内需不足有关。企业亏损如是，职工下岗如是。所以内需问题，受到了党和政府的高度关注。在九届人大五次会议上，政府工作报告强调，在当前严峻的国际经济形势下，实现经济较快增长的根本之策是扩大国内需求，进一步形成消费与投资的双重拉动。那么如何扩大内需呢？有几个问题需要我们认真研究。

一、扩大内需问题的缘起

1998 年，是中国宏观经济政策大调整、大掉头的一年。此前，我们推行的是双紧政策：财政政策适度从紧，货币政策适度从紧。按照十四届五中全会的建议，整个“九五”时期，都

① 本文根据 2002 年年底在长沙市田汉大剧院演讲录音整理，发表在《南风窗》2003 年第 7 期。

要执行两个从紧。中央在制定2010年发展纲要时也曾强调，到2010年，两个从紧不变。可是，到1998年5月，中央突然宣布，开始实施积极的财政政策和适当的货币政策，这在新中国成立后的历史上，宏观政策如此逆转的情况是不多见的。在这个时候，宏观政策为何要掉头？因为当时我们的经济遇到了麻烦，概括地说叫“四碰头”，即四大困难交织在一起。

第一大困难，国际市场萎缩。1997年下半年，东南亚发生金融危机，之后演化成一场整个亚洲的经济危机。对这次危机给国内经济造成的影响，起初我们是估计不足的。当时大家有一种判断，亚洲经济危机对中国香港地区会有很大的冲击，但是对中国内地经济冲击不大，所以人民币不用贬值。得出这个结论，理由就是中国的出口结构和亚洲周边国家不同。人民币贬值，无疑是为了促进出口。可是我们出口的产品，不同于东南亚国家，人家货币贬值，在国际市场上商品卖得便宜，并不妨碍我们的产品卖得贵。所以中国政府向国际社会作出承诺，人民币不贬值，并且三年不贬值。

可事实上到1998年5月，许多外向型企业尤其是外贸企业已经出现亏损，产品出不去，生产难以为继。当时我在东南沿海一带调研，所到之处，要求人民币贬值的呼声不绝于耳。到了6月初，国务院有位领导第一次公开表态，他说亚洲经济危机对中国内地经济的影响，看来已经开始显现出来。这是第一次官方表态，也就是说，亚洲金融危机已经影响到我们的出口。1998年年初，我们原计划外贸增长10%，可年底我们公布的数字是百分之零。

第二大困难，国内生产出现过剩。以1998年为标志，中国进入一个生产过剩的时代，什么产品都不好卖，做哪一行都亏损，普遍的生产过剩。也就是说，国内出现了需求不足，企业产品严重压库，不能正常开工，职工下岗，给社会稳定造成了压力。

第三大困难，下岗职工难分流。1997 年，党的“十五大”就企业改革提出了五句话：“规范破产，鼓励兼并，下岗分流，减员增效，实施再就业工程。”可是实际操作中，下岗不能分流，减员未能增效，到 1998 年年初，下岗人员达到 1200 万。

第四大困难，离岗干部安置难。1998 年国务院再一次启动机构改革，这次机构改革力度之大、范围之广史无前例。从国务院办公厅开始，国务院所属的部办委局，当年政府公务员精简了 51%。我们知道，安置一个机关干部，比安置十个下岗职工还难，这些人懂政策，有文化，有学历，下海经商没本钱，给人打工没面子，所以安置起来非常困难。

这四大困难交织在一起，如果我们不及时调整政策，让财政政策继续从紧，货币政策继续从紧，后果将不堪设想。九届人大一次会议结束以后，朱镕基总理和中外记者见面，答记者问，提出了 1998 年要力争实现 8% 的增长目标，对这个 8%，当时有人不理解，认为计划经济才讲速度，搞市场经济就不要再提速度指标。其实，8% 的速度是逼出来的。1998 年 9 月，新加坡驻中国大使馆的一秘郑女士到中央党校访问，我参加接待，我们见面之后，她给我提供了一份美国国防大学做的研究报告，是研究中国问题的。这个报告提出了两个判断：第一，美国国防大学认为，1998 年，中国的经济增长不可能达到 5%。第二，他们认为，如果 1998 年中国的经济增长达不到 5%，中国社会将发生动乱，政权将发生动荡。郑女士当时就问我，作为中央党校的教授，对美国国防大学的研究报告有什么评论？我很坦诚地告诉她，这两个判断当中，有一个我赞成，有一个我不赞成。我赞成的是，如果1998年中国的经济增长达不到5%，中国的社会稳定可能会出问题；但是我不赞成的是，1998年我们如果8%达不到，但7%一定有把握。为什么把这个8%看得如此重要？学经济的都知道，经济学上有一个很有名的定理，叫奥肯定理。这个定理讲，GDP的增长速度和一个国家的失业率之间，有一个函数关系，美国是2.5∶1，GDP多增长2.5个百分点，失业率下降1%。所以速度的背后，其实是一个就业问题。

要确保8%的速度，企业就得开工，企业要开工，就得有钱，钱从哪里来？一是财政，二是银行。而我们执行的是两个从紧，钱转不出来。在这种情况下，中央当机立断，毅然决然地调整思路，所以我们推出了积极的财政政策，言下之意，适度从紧的财政政策，我们要进行调整。适当从紧的货币政策，也删掉了两个字，改为适当的货币政策。我们的政策取向很明确，就是通过财政扩张的办法，扩大需求。具体措施是，发行1000亿元的特别国债，借1000亿元的配套贷款，用2000亿元拉动内需。钱往哪里投？当时大家都很关心，特别是省市的同志，尤为关注，纷纷向国家计委报项目。第一批报的都是加工项目，结果国务院一个没给批。朱总理讲了，加工项目一个不准上。过后就立即改报材料，申请重点工业项目，报上去之后不久，国务院又发出话来，说三年之内，不上任何工业项目，重点也不上。工业项目不上，那2000亿元怎么花呢？于是人们四处打探消息。不少在中央党校学习的官员，有的向我们教员打听，有的让我们帮助分析，看国务院这2000亿元会往哪里投？我们做教授的，虽说没有超人的本领，但有一条是很清楚的，就是经济工作，一定有它自身的规律。

近几年，朱总理到中央党校作报告时，多次提到一位经济学家——英国的凯恩斯。对凯恩斯的经济学说可谓了然于心。有一次他三小时的报告，用了二十七分钟介绍凯恩斯的理论。后来还有一次，他说："现在有人批评我，在中国推行的是凯恩斯主义，推行的是罗斯福新政，我不说是，也不说不是，如果你们要说是，那我在前面加几个字，是有中国特色的凯恩斯主义，有中国特色的罗斯福新政。"我体会他这番话，中国要扩大内需，凯恩斯主义与罗斯福新政，有值得我们借鉴的地方。比如对付失业与生产过剩，凯恩斯有一个办法，就是把失业的人组织起来，去挖沟，然后再组织一部分人，把沟填起来。这一挖一填，社会供给没有增加，可工人要吃要喝，要用工具，可以消耗大量的积压产品。这个办法，归结到经济学上就是两个规则：第一个规则，要有利于减少过剩。也就是说，你申报这个项目，原材料要买国内的积压产品，机器设备也要买国产的、不能进口。如果你的项目设备和原料都需要进口，那肯定批不了，这是第一个规则。第二个规则，就是不能形成新的过剩。如果你买的是积压产品，可生产出来的，也是积压产品，这样的项目也不行，对解决过剩于事无补。一个可行的项目应当既能减少积压，又不形成新的积压。那么这样的项目是什么？对此，我们不妨研究一下罗斯福新政。20世纪30年代，为了对付萧条与失业，罗斯福的办法就是实施公共工程计划：建桥修路，搞公共设施。因为投资公共设施，符合"挖沟填沟"原理。果不其然，不久国务院就把基础设施投资作为扩大内需的重点，内容包括农林水利基本建设、道路交通、通信、城乡电网改造、生态环境保护、粮食仓库建设、安居工程等七个方面。与美国的公共工程计划相比，提法不同，但内容大致相当。

二、要用巧劲扩大内需

最近几年，我们差不多每年都发行2000亿元国债，用于基础设施投资。回过头来看，既有经验，也有教训。经验是政府通过赤字预算，发行国债，对拉动内需、缓解生产过剩，起了非常积极的作用，功不可没。不过我们研究问题恐怕更多的是要总结教训，教训是什么？我认为有两方面。

第一，政府投资基础设施，单打独做，有些力不从心。由于我们的经济总量太大，用2000亿元投资基础设施，几乎就是杯水车薪，不能把中国的总需求完全带动起来。现在事后诸葛亮，如果当初我们每年拿1000亿元来补充社会保障基金，为改革创造宽松环境；然后用1000亿元为民间资本贴息，鼓励民间资本投资。现在老百姓有存款7万多亿元，若财政拿出1000亿元贴息，至少可以带动10000亿元的社会投资，如此以小搏大，四两拨千斤，拉动内需的效果定会大有不同。

第二，政府直接投资项目，通常事与愿违、得不偿失。以1998年为例，当时我们花2000亿元，搞了72个项目，到1999年5月，国家财政部和国家审计署联合成立调查组，做了一次跟踪检查。结果发现，72个项目中，有20个项目资金被严重挪用，其中有10个项目纯属“三边工程”。西南某省有一个项目，当时申报的时候，说是投资9亿元，到1999年5月，已经投进去10多亿元，调查组问他们的负责人，还需要多少钱，他们回答说不知道，问什么时候竣工投产，也说不知道。真是让人哭笑不得。何以如此？说到底这是一个体制问题。

经济学中有一个基本假定叫“经济人假定”，说人都是自私的。如果从经济人假定出发，人们花钱办事，一定会有四种类型。

第一种类型，花自己的钱办自己的事，既讲节约，又讲效果。不信我们看看，现在房改了，很多人自己装修房子的时候，是不是既讲节约，又讲效果。不久前我去深圳某银行讲学，行长告诉我，他们刚分了房子，到下午三点钟，有的办公室就找不到人，都回家装修房子去了，行长不让去都去。如果你去买装修材料，建材商跟你说，先生，我这个产品是三等品，但给你开一等品的发票，给你好处费，行不行？你肯定不答应，因为是花自己的钱办自己的事。这是第一种类型。

第二种类型，花自己的钱办别人的事，只讲节约，不讲效果。我注意到一种现象，现在市场上假烟假酒大行其道，明明知道是假的，就有人愿意买，什么道理？假烟假酒屡禁不止，说到底是因为有需求，有需求才有供给，没有需求，政府不打假，也没有人造假。为什么会对假商品有需求呢？我调研后发现，是有人要拿假烟假酒送礼，求领导办事二锅头档次不高，红塔山也送不出手，需要茅台酒，需要中华烟，可茅台酒、中华烟都太贵，加起来一个月的工资，不经济。于是人们需要假的，反正烟酒是送人的，花自己的钱办别人的事，所以假不假他不管，酒有没有毒也不管，把领导喝死了也不管。

第三种类型，花别人的钱办自己的事，那肯定是只讲效果，不讲节约。我们经常讲，外国人很小气，请人吃饭就点几个菜，弄不好吃不饱。中国人都吃大餐，为什么中国人喜欢吃大餐？大餐都是开票的，可以公款报销，所以就很大方。美国人是不是真的那么小气？不尽然。有一次我随中国经济代表团到美国出访，遇到一次吃大餐的机会，这顿饭由美国的一家公司报销，我发现接待我们的美国人也点很多菜，大家吃完了，还继续点菜，要茅台酒，最后打包走了，他们也很大方。

第四种类型，就是传统的国有经济体制，花的是政府的钱，办的是政府的事，所以既不讲节约，也不讲效果。最典型的是九江防洪大堤，1998 年发洪水前，他们向国务院报告，说是固若金汤，可结果洪水一冲就垮了。朱总理很生气，说是“豆腐渣工程”。1999 年政府拿钱重修后，又说是固若金汤，结果当年第一场洪水下来，又垮了。这些年，媒体报道了很多垮桥事件，很多高速公路一修就坏，看看这些桥和路都是谁修的？基本上都是政府工程。如果让民间资本掏钱修桥，政府不用操心，保证不会垮。如果把三十年的收费权给他，三十年不会垮；五十年的收费权给他，五十年也不会垮。

上面的分析告诉我们一个道理，政府要尽量地从直接投资领域退出。党的十五届四中全会已经明确提出，国有经济要有进有退，有所为有所不为。国有经济只需控制三大行业：第一是安全产业，第二是自然垄断行业，第三是提供公共产品的公益性事业。说到公共产品，很多人以为基础设施就是公共产品。其实，基础设施的概念很大，其中一部分是公共产品，如生态环境、防洪大堤等；另一些则是一般竞争性的，如高速公路、大桥等。政府投资基础设施，只需投资公共品，其他非公共产品，则完全可以调动民间资本去投资。

三、用减税拉动投资

扩大内需，要在两方面使劲：一是扩大投资，一是扩大消费。如何扩大投资呢？现在就要看政府有什么招数，把民间资本请出来。民间资本投资肯定是要赚钱的。可现在经济过剩，利润率低，赚钱不容易。如何让企业赚钱呢？政府有三件事可以做：第一政府采购订货。企业产品卖不出去，政府买啊。第二财政贴息，鼓励民间投资。第三就是减税。把税率降下来，企业赢利就会增加。以上三个办法，第一个办法作用有限，治标不治本。第二个办法，对拉动投资会有积极效果，但力度仍不够，只有配合上第三个办法，才能如虎添翼，真正把投资拉动起来。

这几年，为了扩大内需，我们确实增加了政府采购，但对减税，却始终犹豫不决。1998 年，税收不减反增，下半年还追收了 1000 亿元。现在看来，税负过重不利于发展。前面讲过，政府投资是花别人的钱办别人的事，所以政府花钱肯定不如企业花钱有效率。把企业的钱收到政府手里，也不利于扩大内需。为了交税，企业把流动资金都垫上了，怎么会不影响生产呢？所以适度减税，应当是当前扩大内需的重头戏。不久前去华北调研，华北的现实让我感到现在的地方财政，已差不多到了捉襟见肘的地步。老百姓编了一个顺口溜：“中央财政蒸蒸日上，省级财政喜气洋洋，市级财政勉勉强强，县乡财政哭爹喊娘。”中央财政每年增加 2000 亿元，而有些县乡开工资都很困难。这个状况不改变，时间长了势必会影响基层政权的稳定。基础不牢，地动山摇，这个问题应该引起我们的重视。

现在有一个流行的提法，要提高两个比重，即提高财政收入在国内生产总值（GDP）的比重，提高中央财政收入占整个财政收入的比重。这个提法值得斟酌。比如提高财政收入占GDP的比重，据说理由是我们的比重低于发达国家，也低于周边的发展中国家。可是要知道，我们的数字，与别国是没有可比性的。我们的财政收入是干货，是没有水分的，收多少是多少，可作为分母的国内生产总值，水分却大得很。数字出政绩，政绩出干部，产值是随便报的，要多少有多少。分母被夸大了，所以我们财政收入在GDP中的比重就显得偏低。如果用这样的数字与国外比较，自然会误导我们的决策。至于提高中央财政收入的比重，似乎也缺乏依据。计划经济时期，中央政府不仅要统揽全国扩大再生产，而且要负责简单再生产，还要搞重点建设，这样把钱主要集中于中央政府是必然的。可是我们现在要搞市场经济，过去许多由中央政府办的事，现在已下放给了地方，按事权与财权统一的原则，中央应把一部分财权交给地方才对，可为何中央财政的比重还要提高呢？看来，这个问题也有再研究的必要。

2000年以来，俄罗斯经济出现明显好转，什么原因？研究一下他们的经济政策，减税是一个重要法门。战后德国经济的迅速恢复，靠的也是减税。美国经济走出滞胀，也有减税的功劳。现在有人担心，减税会减少国家的财政收入。这里，我想重点说一说里根经济学的事，也许可以消除这种顾虑。里根是一位美国前总统，并且是一位演员出身的总统，他一生中没有取得过任何经济学文凭，也没有出版过任何经济学的著作，可是用他的名字命名的经济学却名扬四海，不仅在美国，而且在全世界，都得到了经济学家的普遍公认。里根的成功自然不是他创立了什么惊天动地的学说，而是他曾经作为总统，用供给学派的理论解决了美国的经济停滞问题。

供给学派的掌门人，是南加利福尼亚大学的教授阿瑟·拉弗，该学派的理论主张概括起来就是两个字：减税。据说在1974年的某一次午餐会上，拉弗教授为了向一位白宫官员解释税率与经济之间的关系，随手在餐巾纸上画了一条曲线，根据这条曲线，拉弗指出，政府课税的税率，客观上存在一个临界点，过了税率的临界点，税收就进入了税率的“禁区”。在“禁区”内，提高税率，反而会使税收降低，只有降低税率才能增加税收。何以如此呢？拉弗教授的解释是过高的税率会削弱经济主体从事生产活动的动力。因为税率提高，企业投资的预期利润会下降，投资利润下降，必然导致投资萎缩，投资萎缩，又会导致生产增长缓慢，国民收入减少。所以，政府的税收也会减少。可如果降低税率，结果就不同。税率降低，会给企业和个人以新的刺激，投资会增加，经济增长会加快，税基就会扩大。这样，随着税基的不断扩大，反而会使税收增加。

拉弗教授的这番高论，讲的其实就是物极必反的道理。假如我们把自己比做一个卖家，想一想“薄利多销”，就不难理解“拉弗曲线”了。比如说，你现在卖出的某种商品，价格虽然比以前低了一些，但如果降价使你卖出商品的数量却比以前多了很多，那么你赚到的钱不仅不会少，而且还会更多，这就是商家为什么“薄利”能够“多赚”的秘密。我理解供给学派的减税主张，与“薄利多销”就有这种异曲同工之妙。举个例子，

1978年改革开放之初，我所在生产队的领导，就号召大家外出做生意，搞多种经营。可我那个村，老百姓没有别的手艺，就会做烧饼。于是生产队决定，由集体提供炉子，支持大家外出卖烧饼。起初，为了调动社员的积极性，生产队规定每个劳动力，一天向生产队交5角钱的管理费，而按当时每个劳动力卖烧饼的收入，一天大约是1.5元。除开上缴和成本，一天能赚6角钱，结果大家积极性很高，全生产队差不多有三分之一的劳动力都先后出去卖烧饼了。可是过了一段时间，生产队的头头们考虑，社员个人好像赚得多了些，而集体提成少了些，于是又作出决定，将管理费由5角提为7角，可万万没有料到，集体提成的比例虽然提高了，但提成的总收入却反而减少了。因为原来出去卖烧饼的社员，感觉到每天只挣4角钱，和待在家里挣工分的收入差不多，所以大部分人又都回来了。这件事给我的触动很大，后来我在中央党校讲课时，戏称此为“烧饼原理”。

说了这么多减税的好处，可都是理论上的，美国的减税实验效果究竟如何呢？有两个例证足以说明问题：一个是肯尼迪的“减税计划”，一个是里根的“经济复兴税法”。肯尼迪1961年上台的时候，正好赶上一次新的经济衰退，因此他提出要在三年内，使个人所得税的最高税率与最低税率，分别从91%和20%下降为65%和14%；企业所得税，则从52%与30%分别下降为47%和23%。财政部原来估计，由于减税，政府在五年中可能会减少890亿美元的税收，但事后政府的税收却反而增加了540亿美元。而里根政府1981年推行全面减税，结果，不仅遏止了经济衰退，而且给美国创造了从1982年年底开始，连续

25个月高速增长的奇迹，到1984年经过调整后，经济增长率还高达6.8%，是“二战”以来美国最有力的增长。

美国减税的经验，自然会给我们一些启示。不过，中国目前该不该减税，大家分歧很大。有一种观点认为，中国目前还是一个低税率的国家，因为税收总额在GDP中的比重，只有11%左右，而一般发展中国家，这个比率却达15%，所以据此认为，我们不应该减税。这里且不说GDP中有水分，我手头有一份资料，说如果考虑计算口径的差异，比如把企业亏损补贴、社会保障基金、预算外和制度外收入加上，我们的税收比重，至少在14.5%以上。我虽无法确认这个数字的可靠性，但我感到至少有以下几个情况值得人们考虑：一是近十年来，国有企业产值的比重已经下降为34%，而提供的税收却占国家财政收入的71%，这是否意味着我们应该为国有企业减负。二是目前政府正在鼓励投资，可税收方面却在征收固定资产投资方向调节税，那么我们是否应该减征或停征该项税种，把重复建设的问题交给行政法规或有关法律去控制。三是政府要拉动消费，可现行对酒精、轮胎、汽车等的征税，税率却很高，那么我们可否考虑，调整消费税目，减征或停征某些消费税。

总之，我们现行的税制，是1994年在中央实行“双紧”政策背景下出台的，现在已经时过境迁，如果我们能够审时度势，对税率适当下调，一定能更有效地拉动内需，国家的经济实力也将会得到更大的提升。

四、用增收拉动消费

上面讨论了如何拉动投资，接下来再说怎样拉动消费。要拉动消费，往大的方面说，办法有两个：一是适当地通胀，二是增加收入。

什么是适度的通胀，按世界银行的标准，就是通胀率与经济增长率要大致相当，或稍低于经济增长率。比如我们的增长速度是7%，那么适度的通胀率就是6%～7%。为什么适度的通胀能拉动消费呢？因为人们有一种消费心理，买涨不买跌，商品涨价就抢购，商品降价就持币待购。1992年年初，当时北京市场上传言，说酱油要涨价，结果不少人就抢购酱油，后来酱油都长毛了，也没有涨价。可是这几年，VCD大战，家电产品大战，打得如火如荼，生产厂家不惜血本，杀价竞争，弄得多败俱伤。1998年，我买VCD时，花了2000多元，不久就降价了，前年降价到800元。我告诉一位朋友，让他赶快去买，你猜他怎么说？他说既然能从2000元降到800元，就不信不能从800元降到500元。不幸被他言中，去年真的降到500元，但他还不买，他说没准以后会更便宜。所以经济萧条时，生产厂家降价，是搬起石头砸自己的脚。

生产普遍过剩后，价格是万万不能降的。相反，应该推动物价适度上涨，这样才能刺激消费。1998年年初，国内市场已经过剩，可当时我们还想控制物价，希望把物价指数压到3%以下。事实上，后来几年的物价不涨反跌，一路下泻，出现负增长，有人说这是通货紧缩。是不是通货紧缩无需争论，反正物价下降对拉动消费不利，对本已过剩的市场也是雪上加霜。

拉动消费的第二个办法，是增加国民的收入。咱们中国人，历来有节俭的传统。因为长期贫穷，物资短缺，不节俭不行。可是现在不同了，市场经济没干几年，产品就过剩了。二十年以前，商品供应不足，买啥都要凭计划，即便买盒火柴，也要火柴票。你看现在，只要有钱，啥都能买到。这就是市场经济与计划经济的不同，计划经济是短缺经济，市场经济是过剩经济。也就是说，我们要搞市场经济，必须要有思想准备，准备与生产过剩长期作战。市场经济，永远都会内需不足，所以扩大内需，绝不是三五年、七八年的事，西方国家搞市场经济几百年了，至今还是内需不足，过剩问题总也解决不了。美国与欧盟、日本等国的贸易摩擦，说到底就是争夺市场，向对方转移过剩。既如此，我们要搞市场经济，消费观念就得变一变，不变的话问题会很麻烦。比如说我们的纺织业，1999 年我们压锭 1000 万，企业扭亏为盈了。假如从明天开始，我们又像南京路上好八连的战士那样穿衣服，新三年，旧三年，缝缝补补又三年。一件衣服穿九年，我们的纺织工业岂不全要关门？所以时代不同了，消费观念要跟着变，该出手时就出手，该消费就得消费。

可人们的消费观念想变就能变得了吗？哲学上讲，存在决定意识。收入就是一种“存在”，收入水平决定了人们的消费观念。高收入高消费，中低收入中低消费。我们要提倡适度消费，就得让人们有相对高的收入。1999 年，朱总理在《政府工作报告》中提出，要实行投资和消费的双向拉动。为此，银行出台了信贷消费政策，鼓励人们贷款买房买车。结果呢？人们却并不领情，贷款买房买车的很少。什么原因，因为中国人的收入普遍偏低。有钱的人早就买了房、买了车，没钱的人又怕贷了款还不起，你养一辆车月供起码 1000 多元，养了车还养不养孩子？所以信贷消费要以较高的收入为基础。有人说，现在消费品积压，是因为中国人太喜欢存钱。的确，存钱太多会造成消费品积压，可中国人收入如此低，不存钱行吗？比如说你现在每月工资800元，要是不存钱，指不定哪天下岗了，政府给你200多元的救济金，你能养家糊口吗？现在医疗制度改革了，看病不能全报销，倘若哪天生了病，不存钱用什么看病？再有，你儿子想考好一点的中学，结果就差两分，你不拿点钱进得去吗？所以，现在老百姓有一百个理由要存钱。收入越低，社会保障水平越低，人们越要存钱。要人们少存钱，唯一的办法就是提高收入。

中国人要提高收入，现在是最好的时机。过去我们不敢涨工资，是因为商品短缺，担心人们抢购，哄抬物价。现在生产过剩了，大量商品积压在那里，物价持续走低，我们欢迎抢购，欢迎哄抬物价。物价涨一点，只要不超过7%，绝无风险。2001年年底我们加入了WTO，WTO给了我们机遇，也给了我们压力。而我最担心的就是人才。有了人才，什么都好办。可我们的工资水平这么低，要留住人才很难。现在机关里的处长，每月1000多元的工资，外企用1000美元挖走政府一个处长那是毛毛雨。试想一下，如果我们的人才都跑到外企去了，帮助人家与我们竞争，会是什么结果？所以，提高收入，留住人才，是一件举足轻重的大事，关系中国经济未来的胜负。

去年夏天，辽宁电视台记者采访我，让我从经济的角度说说中华民族怎样才算完成伟大复兴。当时我讲了四条，现在回想起来，还觉得有些道理。第一，中国人出国后，要感到有钱花。现在我们出国，由于钱少，囊中羞涩，总觉得底气不足，自己都缺乏自信，外人怎么看得起。俗话说，财大才能气粗，没有钱，凭什么趾高气扬啊？等将来有一天，中国人出国不再为钱犯愁，到那个时候，我们就实现伟大复兴了。第二，在欧美市场，到处都卖中国的高科技产品。现在我们出去看，到处都是中国产的鞋子、袜子、帽子、玩具，而汽车、电脑等科技含量高的产品却很少看到。假如将来中国造的高科技产品能行销欧美，并且有相对高的市场占有率，中华民族就伟大复兴了。第三，中国人出国，可以讲中文。现在我们去美国，要讲英文；美国人到中国来，我们还得陪着讲英文。为什么？因为美国经济发达，牛。你想跟美国人做贸易，你就得讲英文，不然他不懂，买卖就谈不成。若将来有一天，中国人手里有钱了，他们也得学中文，等中文成为国际语言的时候，中华民族就伟大复兴了。第四，中国不怕和平演变。美国为什么不怕我们去演变他们呀，因为人家经济发达。假如有一天，我们也不怕西化，不怕和平演变，那我们中华民族就实现伟大复兴了。

要做到这四条，最根本的当然是发展经济，但近期看，提高中国人的收入是上选之策。提高收入不仅可以刺激消费、解救眼前之急，而且也有利于我们在国际交往中争取主动。人家和我们打交道，一个重要原因是我们有 13 亿人口，有巨大的市场需求。但如果老百姓没钱，需求只是水中月，我们手里握着的筹码，不就少了很多分量吗？所以提高收入是一个战略大计。可是有人讲了，现在政府资金短缺，怎么提高收入？怎么会没有资金呢？资金是什么，物资和货币（现金）的简称。我们现在到底缺什么？是缺资还是缺金？大量产品积压了，物资肯定不缺。如果只缺钞票，这有何难？印钞厂加加班不就行了。再有，政府今后少搞点项目，坚决刹住重复建设，杜绝形式主义，把省下的钱为老百姓增加收入，特别是为农民增加收入，完善社会保障，让人们大胆消费而无后顾之忧，岂不更好？所以能不能提高收入，关键不在于有没有钱，而在于我们花钱的思路。

国务院在今年的《政府工作报告》中强调指出，要把增加城乡居民收入作为扩大与培育内需的重要举措。这的确是一个令人振奋的消息。如果我们的各级政府部门，能按照国务院的部署，真抓实干，关注民生，则百姓幸哉！中国幸哉！

政府改革的经济学逻辑[①]

经济改革每走到一个关口，改革政府的诉求就愈加强烈。过去二十年里，政府改革曾几度启动，但改来改去，结果皆不尽如人意。机构越改越大，人也越改越多。人们要问：政府改革为何屡屡不能得手？现在回头看，以往改革确实有不少值得反思的地方。

一、突破口的选择：角色定位应先于机构改革

任何一种改革，说到底都是利益关系的重新洗牌。从经济学的角度看，人们若支持某项改革，那一定是改革带给当事人的收益要大于他的损失。否则，他不仅不会赞成改革，反而会站在改革的对立面，或冷眼观潮，或出手作梗。遇到这种情形，除非有外力推动，不然改革只会雷大雨小、无果而终。

① 本文发表在《中南大学学报》2006 年第 4 期。

农村改革是一例。家庭联产承包，起初只是安徽小岗村农民的私下行动。可后经中央高层首肯，顷刻由点到面，迅速铺展开去。所以如此，是因土地承包能让农民吃饱肚子，大家有改革的积极性。国企改革减员增效、下岗分流，职工原本没有改的动力，可此项改革始终由政府操刀，由于有外部的压力，企业改革也是可圈可点、成绩斐然。

以往政府改革的困难恰恰就在于政府当事人对改革既无动力，又无压力。前几次改革，基本上都是撤庙赶和尚，以精简机构为重点。设身处地地想，政府一旦撤并机构，意味着现在某些官员就要下岗。这等切肤之痛的事，谁会真心实意地支持呢？近些年，学界对官员的"铁交椅"口诛笔伐，群起攻之，可学者中又有多少人肯放弃职称终身制？学者的终身制不肯废，坐机关的又怎肯丢饭碗？

说机构改革无压力，那是因为在政府之外还找不到一种力量逼使政府成事。事实上，机构改或不改，何时改或怎样改，旁人虽有话语权，尽可以提建议、出思路，但定夺权却在政府手里，最后得由政府说了算。比如你可以写文章，也可以去做演讲，但若你去告诉政府某部委的官员，说撤销他们部门有多重要，有多少好处，他们会赞成你吗？恐怕是与虎谋皮，徒劳而已。

倒不是说机构改革有阻力，政府体制就不能改。而是说，政府改革要有作为，必须另辟蹊径，重找突破口。其实，改革政府并非仅有机构改革一途，而且改革政府，也不一定要先改机构。比改机构更重要的是政府的角色定位。是的，机构臃肿，会减低政府效率，加重纳税人负担，机构迟早得改。但当前政府的突出问题还不是机构，而是职能错乱，是政府种了人家的田，荒了自家的地，该管的没管好，不该管的管了一大堆。

那么，在市场经济下，政府应担当怎样的角色呢？亚当·斯密曾说，政府是守夜人，负责维护国家的安全。而弗里德曼则说，政府是仆人。既然是仆人，就不仅要维护安全，而且还要当保姆。1979年，弗里德曼与夫人合作出版了《自由选择》，在书中，他把政府职能明确划定为四项，即国家安全、社会公正、公共服务、济弱扶贫。从亚当·斯密到弗里德曼，其间经过了二百年，政府职能虽有变化，但政府的角色却没变，它担当的始终都是配角而非主角。

是的，政府由纳税人供养，本来就该鞍前马后地服务。可长久以来，我们的政府却高高在上，甚至对纳税人颐指气使、吆三喝四。这就好比你家里从劳务市场雇回一个保姆，可保姆请来后不肯买菜做饭，不肯带小孩拖地板，她要做的，就是控制“审批权”。菜还得你自己买，饭也得你自己做。所不同的是，你今后买菜做饭之前，必须先打报告，请保姆审批。保姆批准后，你才能做。试问，你会乐意请这样的保姆吗？

当然不会。既然你不乐意，心同此理，纳税人也不会希望政府成为审批者。遗憾的是，尽管20世纪80年代政府就说要转变职能，迄今多年过去，政府某些部门仍还把着审批权不放。而且经济中的许多问题，差不多都与政府审批有关。想想吧，大大小小的重复建设，骇人听闻的“豆腐渣工程”，哪一个不是政府审批出来的？因此，改革政府，当务之急是要改革行政审批。

把“改革行政审批”作为突破口，一个最大的好处就是兵不血刃。相比撤并机构，改审批制无需官员下岗，不会造成大的社会震动，这样，改革阻力就会小得多。中国人根深蒂固的“官本位”，说穿了，是因为“权能生利”。假如我告诉你，政府今后不再有审批权，那你还会削尖脑袋进机关吗？至少我看不出，审批权取消后，当公务员会比当教员的强在哪里。

可以想见，审批制改革一旦成功，机构改革便可顺水推舟。几年前，我曾去南方几个省做过机构改革调研。机构改革的难度确实不为局外人所能想象。干部能进不能出，令机构改革举步维艰、尤为敏感。假如我们能换个思路，先改审批制，犹如釜底抽薪，那么，迷恋机关的人就会大大减少。如此，机构改革的效果定会事半功倍。

所幸的是，把审批制过渡到备案制，如今已成中央的大政方针。中国加入世贸，国际社会也要求我们取消审批制。看来，改革行政审批乃大势所趋。晚改不如早改，让人逼着改也不如自己主动改。但愿各级政府部门审时度势，把握时机，以改审批制为突破口，创新管理方式，将政府改革进行到底。

二、完善政府治理：部门升格不如分权放权

近两年出国考察，先去了澳洲，再赴法国。两次考察任务不同，去澳洲是考察政府治理，到法国是考察企业社会责任。乍一看，一个是政府，一个是企业，两者风马牛不相及。可把它们串起来思考，发现可以从不同的角度看同一件事情。

政府治理，是 20 世纪末才流行的一个词。翻遍中英文词典，均找不到解释。在澳大利亚，我们拜访了不少政府要员与大学教授，一路走马观花，有如盲人摸象。不过二十天下来，

总算对政府治理有了整体的感知。所谓政府治理，就是将过去政府的某些职能，分离给非政府组织或企业去执行。用规范一点的话说，就是决策权集中，执行权下放，监督权分散。

举个例子吧。老年人照顾与残疾人服务，属公共服务，过去是由政府亲自打理，一手包办。几年前，澳洲政府为了提高服务效率，把照顾老人的事交给了非政府组织——社区家庭服务机构。家服机构受托后，再公开招标，将其转包给私人养老院。如此一来，政府要做的就是认定家服机构的资格，提供资金并制定服务标准。而家服机构直接对老人负责，并对养老院的服务予以监督。

别以为这是小的改变。从理论层面看，它改写了经济学一个约定俗成的原理。以往经济学家大多认为，在公共服务领域，市场会失灵，所以公共服务得由政府供给。于是古往今来，政府都是公共服务（品）的直接生产者，不仅要出钱，而且还办企业。而澳洲的做法却表明，公共品也可由私人生产，政府只需花钱购买，照样能免费供给消费者。换句话讲，公共品的提供与公共品的生产，不仅可以分离，而且可以并行不悖。

与此类似，对“公共服务”的处理，法国也是如出一辙。在法国考察，所到之处主人都会与我们大谈“企业的社会责任”。言下之意，就是企业应替政府分担一些社会职能。盲拳打倒老师傅。若说企业办社会，我们当是行家。早先，中国企业办医院、办学校、办公安，除了火葬场，其他几乎一应俱全。后来国企改革，好不容易才把社会职能剥离开，可为何法国反行其道，规定企业要承担社会责任呢？

原来，法国的企业办社会与我们有所不同。重要的区别在于，中国的企业办社会，政府一毛不拔，企业不仅出力，而且还得贴钱；而人家法国，企业只管办事，但钱却由政府给。比如法国政府把安全用电与穷人用电的事，全权交给了法电公司，而政府只负责提供资金支持。为防日久生变，政府还郑重其事地与企业写下合同、签字画押。有了合同，一旦有谁违约，双方便可对簿公堂，请法院依法裁断并追讨赔偿。

由此观之，不论是澳洲的政府治理，还是法国的企业社会责任，虽说法不同，但两者却异曲同工。是的，公共产品的提供，政府大可不必亲力亲为。钱可由政府拿，但事未必要政府办。其实，非政府组织或企业，比起政府来更懂得花钱办事，在市场运作方面也要高出一筹。再说，它们更接近平头百姓，又拥有自己的客户资源，从这方面看，放手让非政府组织（或企业）经营公共品，恐怕是上选之策。

另有一点重要。把公共品生产交给企业，可以大大改善公共服务。过去，政府自己生产公共品，即便偷工减料旁人也不得而知。刀锋砍不着刀把，公共服务再差政府也不可能罚及自己。若是决策权与执行权分开，政府只管定盘子，让非政府组织或企业负责具体操作，这样，政府就可置身事外。只当裁判不打球，政府就说得起话，管得了人。不仅会乐意接受公众投诉，而且还可与民间机构一起，对公共服务施以监督。

回头再说中国。中央最近重申，要改革政府行政管理体制。但究竟怎样改大家有不同意见，可以充分讨论。过去的做法，政府遇到管不好的事，通常不是放权，而是让主管部门升格。安全生产出纰漏，国家安监总局副部升正部；质量监督出问题，国家质检总局副部升正部；市场秩序混乱，国家工商总局副部升正部。这个做法，无疑是加大了行政管理成本，与市场经济小政府、大社会的改革取向也大相径庭。

其实，治国与治家有某些类似。倘若做父亲的管不好自己的孩子，你说他会怎么办？聪明的人会去求助学校、邻居，甚至公安。至少，天下不会有这样蠢的父亲，自己管不好孩子，就要求辈分升格，由父亲变成爷爷。这样，岂不会贻笑大方？所以靠政府升格改善管理，实在不是高明之举。他山之石，可以攻玉。澳洲与法国的做法，难道对我们没有一些启发？

我绝不主张照搬西方，不过，人家有好的经验，实践证明又行之有效，我倒觉得是应该借鉴的。退一步讲，即使吃西药水土不服，将来还可以再吃中药。记得早几年，深圳市就开始尝试“行政权三分”的改革，深圳能做成的事，其他地方未必不能做。关键是政府要舍得分权，善于放权，若无一点胆魄与气度，不敢第一个吃螃蟹，只怕行政管理体制改革又是新桃旧符，走走过场了事。

三、革新选人机制：先改委任制再破论资排辈

我不研究政治学，但我认为，经济学能为思考选人机制提供新的视角。当下政府正在换届，关心此问题的读者应当不少，笔者说些看法，算是抛砖引玉。

大致说，经济分析有两类：一是实证分析，二是规范分析。前者不带主观偏好，只告诉人们真实世界是什么，为何是这个样子；后者则相反，必须作价值判断，要指出好坏对错。分析论资排辈，也可用这两种方法，考虑行文方便，还是让我分头来说。

用实证方法分析论资排辈，有两个问题要回答：第一，官场是否存在论资排辈？第二，论资排辈若存在，那么它为何存在？对第一个问题，只要不是闭目塞听，说官场存在某种程度的论资排辈，想必没有太多异议。这样，也就无需我多费笔墨。对第二个问题，我曾思考多年，现在答案是论资排辈与干部委任制有关。就是说，在上级任命下级的条件下，论资排辈必成官场的理性选择。

经济学的精髓，其实就一句话："约束条件下争取利益最大化"。比如企业家，一定会追求利润最大化；大学教师，一定会追求职称最大化；政府官员，一定会追求职位最大化。企业家与教师不必说，人家自己也直言不讳。不过官员不同，即使内心想升官，嘴上却未必肯承认。其实不承认，事实也改变不了。世上恐怕没人希望自己的官越做越小吧？既如此，官员要追求职位最大化，那么在确定选人规则时，无论是选官的上级，还是想升官的下级，都会用"最大化"来决定自己的选择。

先以下级为例。假如有两个方案，选用干部既可由上级指定，也可论资排辈，那么下级会作何种选择呢？答案是后者。为什么？因为信息不对称，领导用人，大多会用自己了解的。若上级不了解你，甚至不知你姓甚名谁，升官的概率自然很低。可对下级多数官员来说，接触上级并非容易，只有那些常在领导身边的少数人，才能近水楼台。不同的是，大凡官场中人都有一定资历，只要讲究先来后到，不许插队，则多数人不会吃亏。

再看上级。上级与下级其实是相对的。处长是科长的上级但却是局长的下级；局长是处长的上级，但相对部长来说，局长又是下级。从这个角度看，出于利益最大化的考虑，上级与下级的选择其实并无二致，他们都会赞成论资排辈。再说，下级政绩如何，由于岗位不同，上级往往很难做决断。而任职年限不仅清楚可比，而且下级也大多接受，所以按资历用人，一是简单易行，二是有利官场的稳定。

我曾读过吴思先生的《潜规则》，记得其中有一节，称“论资排辈也是好东西”。他用历史分析得出的结论，与我用经济学分析的正好殊途同归。

据作者考证，论资排辈起于北魏，发明人是当时的吏部尚书叫崔亮。据说，崔亮发明此法也是出于无奈。崔亮有个叫刘景安的外甥，曾写信给舅舅崔亮，对论资排辈提出质疑。崔亮回信说，如今想当官的太多，即使十人共一职，也不够分。所以，必须立个规矩，不然，任人四处走门子，官场会弄得乌烟瘴气。再者，现在吏部用人是大权独揽，即便我能铁面无私，那也是一面镜子照天下，而天下之大，难保我不选错人、用错人。

崔亮说的是对的。纵观古今，只要是由上头少数人选官，在官位供不应求的情况下，论资排辈确实有积极意义。不过，这只是从实证的角度看，若改用规范分析，对论资排辈作价值判断，可说此规则流弊百出，乏善可陈。所谓论资排辈，说白了就是只认资历，不问能力。只要年头长，哪怕是下品庸才照样升官；相反，若年头不够，任你功高劳苦也不能任用。如此做法，岂不是在鼓励庸人吗？

是的，论资排辈漠视贡献，优劣不分，奖罚不明，若长此以往，必会挫伤广大官员的进取心。更重要的是，此规则不改，千军万马熬年头，上上下下比辈分，干部年轻化的问题也解决不了。中央曾三令五申，干部要年轻化。可由于论资排辈未破，大家都这么一前一后地排着，前面的不动，后面的也动不了。加上官场台阶又多，亦步亦趋，干部年轻化就只能纸上谈兵。看来实行干部年轻化，还得改规则，要唯才是举，看轻资历。

可以肯定，随着经济社会进步，论资排辈迟早是要打破的。但困难在于，论资排辈并非某个人的主观臆想，而是约束条件下多数人的选择。因此，打破论资排辈，绝不可指望一蹴而就。事实上，今天的官方文件仍明文规定：副职提正职，要在副职岗位工作两年以上，由下级正职提上级副职，要在下级正职岗位工作三年以上。可见在近期内，任职年限还得是干部晋升的依据之一。邓小平讲，改革是一场革命。而改革选人规则，更是一件利益攸关的大事。因此，在谋划改革时，我们既要积极，又要谨慎；既要注意治标，但重点必须治本。前面说过，论资排辈是“委任制”条件下的理性选择。既如此，按照经济学分析的逻辑，改革用人规则，必须先改委任制，变少数人选人为多数人选人。扬汤止沸，不如釜底抽薪。只要委任制改了，论资排辈必定不攻自破。

四、以薪养廉：先改职务消费再加薪

政府有意给公务员加薪，议论了好几年，至今还是只听楼梯响，不见人下来。2006 年年初，就曾有省部委官员站出来，对公务员加薪表示反对。理由是，官员是百姓的公仆，企业职工没涨工资，官员如何能加薪？

对这个观点，我倒不以为然。我的看法是，官员该不该涨工资，与企业是否涨工资无干，如果官员工资确实太低，即便企业没涨，官员涨也无可厚非。说官员是百姓的公仆，这是对的。但做好公仆，重要的是视百姓如父母，鞍前马后地做好服务，不是说，当官就只能低工资。市场经济，讲究的是按贡献分配。所以，该不该涨工资，不在于你是否为官，而是看你对社会的贡献。

其实，官员低薪，并非始于现代。回溯历史，封建社会几千年，中国官员的俸禄都是很低的。东汉时期，宰相每月收入为大米28.5石（约为3060斤），最小的官员，每月只有1.9石（约204斤）。北魏初期，官员没有俸禄。明朝的宰相，月俸不足20两银子。清朝四品官月俸大米24石（约2576斤），五品官月俸16石（约1717斤），而七品县令的月俸，仅7石（约751斤）。那时官员的薪俸如此之低，显然不是为了廉政，它的目的只是为了维护王权统治。

中国封建社会历来皇权至上。“普天之下，莫非王土；率土之滨，莫非王臣。”可天下太大，王臣太多，朝廷如何控制得了呢？朝廷的办法是实行低俸禄。因为俸禄低，就会逼着官员们搜刮民财。比如一个县令，月俸只有7石大米，充其量能养活7个人，可官府不仅要雇用衙役，而且上有高堂、下有妻小，另有管家、侍女、马夫、厨子，靠7石米的官饷，无论如何是应付不了的。怎么办呢？当然只能巧取豪夺。俗话说，心中无愧，不怕打雷。可要是做了亏心事，有了痛处捏在上司手里，那么就得唯上是从。不然，一旦得罪了上司，单查经济问题，也能判你满门抄斩。

是的，这种捏人痛处的办法，的确是维系权力体制的一种手段。可问题在于，新中国成立以后，为何我们还是实行低薪制呢？大致说来有两个原因：一是中国社会有平均主义的传统，不患寡就患不均；二是新中国成立伊始，国家一穷二白。面对内忧外患，需要我们勒紧裤带搞建设。我们党本来就是执政为民，若老百姓尚在节衣缩食，党员干部怎能不身先士卒呢？所以干部只能实行低工资，此乃国情所限，也是明智的选择。

改革开放以后，我们的经济状况有了大的改观，国家财力日益强盛，人民生活渐近小康。于是，干部的低工资问题也就凸显出来了。其实对这个问题，往届政府已有所关注，2000 年年初，朱镕基总理就曾表示，三年内要给公务员工资涨三倍。此言一出，社会各界褒贬不一。从实际情况看，干部工资这几年虽有微调，但与当初设定的目标还有相当的距离。所以如此，表面看好像是政府没钱，实际上是在执行过程中遇到了阻力。

普遍的议论是现在党政官员工资虽不高，但实际收入却不低，因为除了工资外，还有一块职务消费。国务院发展中心原副主任陆百甫先生算过一笔账，他说，如果把领导干部的福利房、配车、养司机等花销加起来，至少每月得一万元。这些钱虽没打进工资单，但却是实实在在的消费，是一种隐性收入。在这种情况下，官员若再涨工资，必然会加重纳税人的不合理负担。

如此看来，官员能不能涨工资，现在问题就归结到一点，即如何处理职务消费。不久前，《羊城晚报》记者就这个问题采访过我，我的看法是，必须把职务消费货币化。现在的党政干部，无论级别高低，都享受一定的职务消费，而职务消费，又都表现为各种物质待遇。这一做法说到底还是计划经济的做法。市场经济是一种货币经济，它要求一切生产要素都要用货币表现，通过市场配置。所以，取消职务消费应是改革的大趋势。

将物质待遇货币化，不仅能减少资源浪费，又能大幅提高官员的工资，是两全其美的好事。前几年，就有地方推出“公车”改革，实践证明效果是好的。比如，配一部公车，一个司机，一月的费用少说也得4000元。算经济账，配车肯定没有打车划算。如果把省下的钱用于涨工资，那么仅“车改”一项，公务员的工资可平均上涨三分之一。若把领导专车取消，那么领导的工资可以增加两倍。

公务员的工资迟早是要涨的。但如何涨法，有个前提必须把握，这就是财政不能多出钱，纳税人不能添负担。那么钱从何来？办法是眼睛向内，做体制的文章。比如，物质待遇货币化就是一个变钱的路子。只要羊毛出在羊身上，群众自然不会有意见。所以，公务员何时涨工资，就取决于“物质待遇货币化”的进程。职务消费改了，公务员加薪便可水到渠成。

文化产业：经济发展的新亮点[①]

——访中央党校王东京教授

《湖南日报》记者　蔡栋

说到经济学著作，我一直很喜欢美国曼昆的《经济学原理》和斯蒂格利茨的《经济学》。这两套书，一点也不枯燥，不但有大量的个案分析与图表，连照片说明都写得极为有趣，更别说那些妙趣横生的经济漫画了。看来，大部头经济学专著也完全可以有自己的"可读性"。

国内一些经济学家走的似乎也是这样一条路。经济学家、中央党校经济学部主任王东京教授的文章就因其简洁平实而广受欢迎。他在《经济日报》《中国经济时报》《中国青年报》《南风窗》等报刊上的专栏文章，把经济论文当随笔写，举重若

① 本文发表在《湖南日报》2004年5月7日。

轻，简明亲切，读起来确实是一种享受。

后来收到他的赠书《与官员谈中国经济》《与官员谈经济政策》，得知他是湖南人，更多了层亲近感。

作为经济学博士生导师，王教授向来主张“取法乎上”，他敬重的三位经济学家是亚当·斯密、马克思、凯恩斯。

为人豪爽、写得一手漂亮书法的王教授，做学问极为踏实。他的治学格言是：“眼见为实，力求甚解。”

王教授著书，一以贯之的一个原则是：“行万里路，写一本书。”为了写这些书，他几乎跑遍了全国各个省市搞调查研究，下企业，去农村……在中央党校执教十多年，他的学生几乎遍及全国，大家都愿意向这位爱讲真话爱听真话的老师介绍实情。正因为他不但有深厚的理论功底，又大量地掌握了基层第一手材料，所以他的专著能联系实际，既鞭辟入里，又生动活泼，无怪乎他的专栏文章也好，经济学专著也好，一面世就能引人注目，广受欢迎。如他的《与官员谈西方经济学》一个月内竟重印三次，发行达八万册之多。

我没听过王教授的课。但听他的学生介绍，王教授的课很受欢迎，讲得极漂亮。这话我信。读他的文章，与他聊天，我发现他善于抓住问题的实质，善于把复杂的问题“简单化”。“打水运柴，无非妙道”，王教授有那种“点铁成金”的本领。

谈到讲课，王教授认为，只有教员理解了百分之百，学生才能得到百分之八十五；教员理解百分之八十五，学生只能得到百分之六十；教员若只理解了百分之六十，那么学生就只能得到百分之三十。王教授很重视教师自己的“这一桶水”是否满。

离乡多年，王教授仍喜欢吃辣椒，讲常德话。读书则喜欢读史，亦爱看余秋雨的散文，他认为余秋雨的文章有文化含量。

王教授的最大业余爱好是与人聊天，尤其喜欢与不同专业的人聊天。他说只有这样，才能学到新的东西。

“我学的是经济，可我不会去经商。”当我问他会不会经商时，他不无幽默地这样“实话实说”。会不会经商姑且不论，可他教了那么多高层次学生，写了那么多普及经济学的文章与专著（光“与官员谈……”就“谈”出了八本书），这种作用岂不远比经商效益大得多？从“投入”与“产出”的角度来看，这种“产出”又岂是经商可以相比的？

前不久，我曾打趣王教授：湖南人过去会读书，会打仗，就是经济弱一点，你是经济学家，可要多为家乡培养一点经济人才哟。王教授连说“那是，那是”，并表示只要用得着，他一定“尽力”。于是，我“趁热打铁”，与他聊起了文化产业的发展问题。

记者：王教授，在前不久结束的“两会”上，不少政协委员呼吁大力发展文化产业。文化产业在一些发达国家和地区已成为国民经济的支柱产业之一。像加拿大，文化产业的产值甚至超过了农业、通信及信息技术等行业。曾有资料统计，美国一部大片《泰坦尼克号》的收入超过了当年日本汽车工业一年的产值总和。您了解的情况更多，您认为，与发达国家相比，我国的文化产业有多大的差距？

王东京：文化产业在世贸组织有关规则中，被划入服务业，也就是第三产业。近二十年来，高新技术在文化领域的渗透，推动了文化的经济化、产业化，使其成为新世纪的朝阳产业。发达国家的文化产业先行一步，从国家经济体系的边缘很快地走向中心，创造了巨大的经济效益。比如英国文化产业平均发展速度是经济增长的两倍，目前年产值近60亿英镑，从业人员占全国总就业人数的5%。日本娱乐业的年产值早在1993年就已超过汽车工业的年产值。美国的文化经济更发达，在美国，400家最富有的公司有72家是文化企业，其视听产品出口额仅次于航空航天等少数行业，在国际上占到了40%以上的市场份额。许多发达国家和地区，居民文化消费已占总消费额的30%以上。

我国的文化产业，才刚起步，处在萌芽期、婴儿期，也就是说，随着改革开放的深化，中国的文化产业虽已孕育、催生，但规模、实力和效益，尚不能与发达国家同日而语。2000年，我国实际文化消费总量才800多亿元，吸纳的就业人员仅占总就业人数的0.4%左右。据保守估计，今后几年内，我国的文化潜在消费能力在5500亿元左右。根据发达国家目前的情况，文化产业吸纳的就业人数应该能达到总就业人数的3%～6%。由此看来，目前我国文化产业不仅与发达国家，而且与自身经济发展水平之间，都有不小的差距，这也说明，我国文化经济还将有很大的发展空间。

记者： 过去，文化经济离中国的老百姓似乎很远。在相当长的时间里，我们强调抓农业、抓工业，对第三产业，特别是其中的文化产业，在思想认识、资金投入等方面似乎相对不足。

如果说，经济学是关于选择的学问，请问，这中间是否有“选择”的因素?

王东京：应该说，经济发展、产业升级有其内在的规律性，与人类的需求、社会的发展密不可分。按照美国心理学家马斯洛的观点，人类的需求可分为生理、安全、社交、尊重、自我实现五个层次，一般而言，低层次的需求得到充分满足以后，才会产生强烈的更高层次的需求欲望。为什么会出现这种现象?经济学认为，是因为人们总是尽可能实现自身福利的最大化。福利也可称为效用，是人们的主观感受和心理评价，也就是一种物品（有形的和无形的）对人们生理、心理的满足程度。俗话说，萝卜白菜，各有所爱。也就是说，由于个人的偏好不同，同样一种物品，给不同的人带来的效用是不一样的。对一个饿肚子的人来说，面包往往比音乐更有吸引力。但如果他衣食无忧，甚至天天山珍海味、美酒佳肴，这时对他来说，食物的增加，并没有等量地增加他的满足程度，他可能更想去听听歌剧，打打高尔夫球，到海边晒晒日光浴。因为这些更高层次的享受，给他提供的效用（福利）更大，他的需求意愿也更强烈。随着社会经济的发展，比如从温饱到小康，人们对文化之类的高层次需求越来越多，提供文化服务变得有利可图，就会有越来越多的生产者提供文化产品和服务，文化产业也将水到渠成，随着经济的发展自然而然地形成了。

从我国的实际情况看，在新中国成立后相当长一段时期，人们面临的是温饱问题。解决人们的衣食住行问题，必须重点发展农业和工业，所以我们的发展思路是“一要吃饭，二要建设”，这符合我国的基本国情。改革开放近三十年，中国的经济发展一日千里，取得了举世瞩目的成就。物质产品大大丰富，人们的精神文化需求日益增长，文化经济发展水平与实际需求之间缺口拉大，出现了供需失衡的矛盾，这既对文化经济提出了更高的要求，也为其发展提供了难得的机遇。国家出台了许多政策，推动文化经济快速发展。随着文化市场限制条件逐步放宽，国有、民营、外资大量介入，文化产业投资主体日趋多元化，文化经济的发展，刺激了人们的消费欲望。有关资料显示，1990 年，我国城镇居民人均直接文化消费为 112.09 元，到 1999 年已增长为 474.95 元，年平均增长 22.29%，远远高于同一时期 GDP 增长率。我国的文化产业正处在起跑后的加速阶段，可以预见，随着经济持续增长，居民收入大幅度提高，今后二十年，将是中国文化经济高速发展的黄金期。

记者：近年来，湖南文化产业迅速崛起，在国内同行中表现不俗，如电视、出版、报业等，被称为“文化湘军”现象，对此您有何评价？

王东京：我是湖南人，乡情难舍，对家乡的发展自然关注得多一些。应该说，文化湘军异军突起，是中国文化经济一道亮丽的风景线。近年来，湖南的电广、出版、报业、演艺等文化产业集团，有的先声夺人，业绩不菲，有的潜龙在渊，蓄势待发，从整体上看，初步呈现出优势整合、多元发展的态势。据我掌握的资料，“九五”以来，湖南省文化产业年均增速在 15% 以上，与其他产业相比，提升速度是遥遥领先的。

湖南文化底蕴深厚，人杰地灵，发展文化经济有得天独厚的优势。但是，也应该看到，随着文化经济的全球化、多元化，入世后，湖南文化产业会遇到国内外同行的激烈竞争，将要应对更多的挑战和风险。作为一个文化大省，湖南文化经济如何快马加鞭，壮大实力，以此带动全省产业结构提升，实现湖南经济的新跨越，这是一个需要抓紧研究的大课题。

记者：刚才您提到了文化产业的竞争，您认为，加入WTO，会给国内文化产业带来哪些影响？

王东京：入世是一把双刃剑，给国内文化产业既带来了空前的压力，也创造了难得的发展机遇。目前，世界上排名前几位的文化企业，都是规模庞大的跨国公司，其突出的特点是广播、电视、报纸、互联网四种媒体交叉重组，实行跨行业多角化经营，这些文化产业中的航空母舰，像时代华纳、迪斯尼、默多克、索尼等大公司，资金雄厚，技术先进，人才济济，熟悉市场规则和运作方式，对中国潜在文化消费能力了如指掌，进军中国文化市场，他们是有备而来，志在必得。仅从电影业来看，《泰坦尼克号》在我国创下了3775万元的票房收入，《珍珠港》则创造了1.3亿元的票房奇迹。最近正在国内上映的《哈利·波特》，虽然是一部儿童片，但专家预计票房收入至少也将近一个亿。据统计，1997年~1999年，美国分账影片在我国票房收入14.5亿元，这一数字今后几年肯定还会大幅增加。

塞翁失马，焉知非福。世上的事往往有弊也有利。加入WTO对中国的文化经济将起到积极的催化、推动作用。入世以后，我们可以更加有效地利用外来资金、技术、信息、人才，对目前国内文化市场进行整合，实现文化市场行业布局、地区分布、所有制结构的良性互动，增强文化企业的创新意识和竞争实力。同时，政府的文化管理手段和行为，也将与国际惯例接轨，这将有助于我国文化市场体制尽快实现现代化、法制化。

记者：国外的投资商，似乎很注重“整合营销”，像《哈利·波特》，在全世界已发行了6000万册以上。作者罗琳，一度生活贫困，曾申请过政府救济，但写了这本书后，已变成世界第二十四富，排在乔丹之后。《哈利·波特》已做成了产业，既有书，又有影片，还有哈利·波特系列玩具、电影原声带、VCD等，大大赚了一把。在入世的大背景下，湖南文化产业如何才能“做大”？请您谈一谈这方面的想法和建议。

王东京：中国加入世贸组织，就是承认了国际贸易通行的游戏规则。像参加体育比赛，裁判员、教练员、运动员各司其职，各归其位，比赛才能正常进行。我们的政府和企业，只有演好自己的角色，齐心协力才能打赢这场比赛。

西方新制度经济学认为，政府是一种制度创新，其产生的一个重要原因，是因为政府这种组织形式能够有效地节省交易成本。道理很简单，人们要解决经济纠纷，保护生命财产安全，不可能人人聘律师，户户雇保安，这样成本太大了，所以大家拿出一部分钱来，供养政府、法庭、军队，每个人只需花很少的钱，就可以解决私人难以解决的问题。在市场经济条件下，政府的行为应该符合成本最小化的要求，也就是我们现在常讲的"小政府，大服务"。目前，国内文化产业管理部门重复设置，职能交叉，政出多门，增加了企业的交易成本，束缚了企业的手脚。所以我认为，湖南文化产业要做大，文化管理部门改革必须先行一步。

在发展文化产业过程中，政府要有所作为，必须转变角色，对职能重新进行定位。文化主管部门的主要职责，是清除市场壁垒，鼓励公平竞争，维护市场秩序，为文化产业发展创造良好的政策环境。美国在发展文化产业的过程中，政府大开绿灯，通过制定法规、实施减免税等措施，鼓励企业壮大规模，增强竞争实力。如美国政府1996年颁布《电信法》，规范通信和广播电视媒体行业的兼并行为，使美国广播电视业发生了结构性的巨变。在政府的鼓励下，1999年以来，美国出现了媒体业同网络业融合的浪潮，美国在线与时代华纳公司的合并，交易额达3500亿美元，相当于墨西哥、巴基斯坦两国的国内生产总值之和。在发展本国文化经济方面，发达国家的做法与美国如出一辙，这些都值得我们认真借鉴。

企业是文化市场竞争中的运动员。看过美国职业篮球赛的人，一定会深有感触。球队要取胜，一要有主力队员，二要团队配合默契。对文化企业来说，道理亦如此。湖南文化产业要称雄国内，进军国际市场，在文化产业中要有自己的航空母舰，要有一支跨地区、跨行业、跨所有制乃至跨国界的文化企业联合舰队。这支舰队能否顺利组建，能否在竞争中所向披靡，离不开三样东西：资本、人才、机制。

解决资金问题，湖南电广传媒是一个成功的范例。作为全国首家广播影视集团，电广传媒股份公司成功上市，成为中国第一只传媒概念股，为企业的发展引来了源头活水。这是实现文化产业化的“关键一跃”。前些年文坛的“陕军”、“豫军”，为什么没能形成一种文化产业？一个重要原因，就是缺少“资本魔杖”。当然，在这方面也还有文章可做。比如我们能否学习美国发展信息产业的经验，加大文化产业风险投资力度，进一步拓宽国外资本、民间资本的进入渠道？据统计，美国64家主要媒体公司中有38%的公司至少拥有两种传播媒体，有26%的公司至少涉足三种媒体产业，有近60%的公司是混合型媒体公司。湖南的几大文化产业集团，能否以资本联姻的形式，分散投资风险，形成组合优势？这些都可以再做些研究。

文化产业与传统产业不同，是一个高智力投入的产业。优秀的人才，天才的思想，大胆的创意，是文化产业长足发展的不竭动力。企业的资金怎么使用？目前我听到最多的就是“盖楼”，各文化产业集团似乎是较着劲把硬件做大。但是我觉得，为了吸引、留住人才多花一些钱，才是好钢用在了刀刃上。同样，科学规范、合理灵活的运行机制，也是文化企业的重要软件，由于时间关系这里就不再多谈了。

古人用兵讲究天时、地利、人和。加入世贸组织，给湖南文化经济的发展带来了千载难逢的机遇。而且出于保护民族文化和意识形态领域的特殊性的考虑，我国在入世谈判中，对文化市场准入留有缓冲期，从而也为文化产业抓紧发展壮大提供了契机。湖南是一个文化大省，人文景观、自然资源富甲一方，发展文化经济有得天独厚的条件。三湘大地才俊辈出，文化产业的精英们人心思进，正因如此，作为一个湖南人，我坚信湖南的文化经济潜力巨大，入世后定会有一番更大的作为。

寄语《中国经济观察》[1]

凤鸣朝阳，龙骧虎步。《中国经济观察》2004 年春天问世，一路向我们招手走来。有学界同道与读者鼎力支持，《中国经济观察》可谓硕果累累，可圈可点。此番三年“精华本”结集出版，欣喜良多，感慨良多。

创办《中国经济观察》的初衷，一是想在理论和实践间架桥铺路，为中国经济发展寻求依据，提供样本。二是想在学界与政界间搭建平台，从政治谈经济，从经济谈政治，两相水乳交融，相辅而行。同时，我们还希望通过《中国经济观察》，联络海外关心中国的学者，请他们来这里畅所欲言，发表高论。这三点，《中国经济观察》部分地达到了，并将继续勉力为之。

《中国经济观察》的成长，得益于学界、政界和社会各界多方的大力扶持。学者与官员热心培植，名家与后学慷慨赐稿，

---

① 原载《中国经济观察》（精华本），中国青年出版社 2008 年 2 月版。

使得我们能得天时地利人和，从容做事。我们守持的原则，组稿采稿不独尊权威，不彰较流派，不厚此薄彼。所孜孜以求的是穷天人势事之际，通古今中外之变，成众家众派之言。

三年来，作为编者，我们常常为大师的宏论折服，为新学后辈的建树喝彩。所录文章，我们都力求务实，反对清谈空论。更要求作者不循陈规，鼓励立意创新。回想起来，我们曾无数次退稿、拒稿。对所有“关系文章”，宁肯舍下情面得罪人，也坚决拒之。

我们深知，一份刊物的分量，在于其文章的价值。文章重，则刊物重。不然名头再大，鱼龙混杂，良莠不齐，终成不了圭臬之作，哪里谈得上和者云集，更遑论经世济民了。因此，我们举贤选优，激活了这口中国当代思想界和学术界的泉眼，也成就了今天的《中国经济观察》。

所幸的是，三年前破土的幼苗，如今已玉树临风，她正如我们当初所期待的那样，扶风采露，枝繁叶茂，生机盎然。“精华本”的结集，是对以往工作的盘点。但一切回望都是指向未来的，恳请广大作者和读者一如既往，继续给我们支持。各位的喝彩、建议抑或批评，对编者都将弥足珍贵。

产权市场中国创造

我与熊焰博士认识时间不长，但一见如故。曾邀请他到中央党校讲学，也请他为《中国经济观察》写过文章。几天前我在长春开会，他打电话告诉我，他的《资本盛宴——中国产权市场解读》已经落笔，希望我写序，我当即答应了。熊焰主持北交所多年，学理功底厚实，文笔又好，我一气读完书稿，醍醐灌顶，感慨良多。

熊焰曾多次说，产权市场是中国创造。我赞成他的观点，不过我要说，中国必须创造产权市场。理由简单，构建市场经济体制，必须培育多元化的市场主体。这些市场主体可以是个人，也可以是法人，关键是他们必须掌握和支配一定的资源。因为市场在本质上是一个交换、合作与竞争的场所，不掌握一定的资源，就拿不出东西与别人交换、合作，也无法参与市场竞争。这就如同几个人玩牌，所有的牌都掌握在一个人手里，是没法玩的。要把牌玩起来，首先得把牌分发出去。因此，所有经济转轨的国家，都面临一个公有资源分散化的问题。

在理论上，资源分散的方式可以是多种多样的，按人头分是一种方式，卖是一种方式，我国改革早期的承包制，也是一种方式。问题是，哪种方式能在日后的市场运行中表现得更为合理和有效。实践证明，俄罗斯“打碎分净”的休克疗法遗患颇深，而我国早期的承包制，也是问题多多。人们在走了很长的弯路、付出很大的代价之后才逐步认识到，通过休克疗法或承包制所取得的资源，在权利结构上是有缺陷的，而将所有权、支配权和收益权结合起来的产权交易，才是公共资源分散化的努力方向。

但认识上的进步并不意味着实践中的立竿见影。在缺乏一个透明的、竞争性产权市场的情况下，国有产权的交易仍面临着很多困难。比较核心的问题是交易如何进行，价格如何形成?少数能够上市的企业，固然可以通过股票发行和流通来进行产权交易，但大多数企业达不到上市条件，就只能进行“场外交易”。场外交易很多国家都有，而且运行得不错，但搬到我们国家就有些水土不服了。我们的特殊性在于交易的是国有产权。买卖私人的东西，价格高了或低了，那是当事人自己的事，别人不关心，也管不了。而国家的东西就不一样了，很多人都可以品头论足。加之没有一个公开透明的价格发现机制，所有的讨论实际上都缺乏一个相对客观的依据。有的认为卖价合理，而往往更多的人则怀疑存在内幕交易，是国有资产的流失。每一次重大的国有产权交易，几乎都伴随着类似的疑虑。类似的疑虑累积起来，又进一步引发了对改革的合理性的质疑。正如一位业内人士所说，这个问题“在政治上很敏感、在技术上很复杂，质疑起来很容易，而辩护起来又很困难”。

组建产权交易中心，是流转国有产权、促进经济转轨的一大创新，其精髓在于透明和竞争。场外交易也有寻价和竞价，但信息公开的程度有限，操作的过程也不够透明，因而很难消除人们的疑虑，事实上也的确为内幕交易留下了较大的空间，使寻价成为寻租。通过产权交易中心进行信息公示和价格竞拍，不仅更多地引入了竞争，构建了一个较为客观的价格发现机制，而且将这一过程“阳光”化了，确实是一个很重要的发明。这个中心，虽然是为解决国有产权的流转问题而建立的，但整个交易平台也完全适用于私营企业。相对于“点对点”的寻价和竞争而言，它能够有效降低信息搜寻成本和谈判成本，无疑更有效率一些。

从组建第一批产权交易中心至今，已经有几年时间了。我们在实践中学会了很多东西，同时又遇到了一些新的问题。比如，如何有效整合目前众多的交易中心，以便在更大程度上促进信息共享和充分竞争，提高整个社会的资源配置效率；如何利用产权交易中心这个平台，弥补和拓展我国资本市场的功能，促进中小企业融资难问题的解决；如何借鉴国外二板市场的发展经验，引入风险投资的运行机制，促进企业创新和产业转型，等等。所有这些，都需要我们对我国产权改革的历程进行总结、回顾和展望。本书的出版，无疑能够引发我们对这些问题的思索，因而是很有意义的。

《中国的难题》编辑印象

微 微

最初读王东京教授的文字是在 2002 年，我社已退休的老编辑赵长敏老师送我一套她所责编的“与官员谈系列”。广博的专业内容、行云流水的文字给我留下了深刻的印象。2006 年我订阅了《21 世纪经济报道》，恰巧读到王教授的专栏，似有他乡遇故交之感。文字还是那么简约、清新，学术功力实足。

作为治学一贯严谨、责任感极强的学者，王东京教授常常“千里走单骑”，深入农村、企业、机关调查了解情况，掌握第一手材料，在理论与现实的频繁切换中，获得思想的升华。难怪他的专栏读热了四十万读者，引来博客盈门，粉丝无数。这在学界已是一大奇观了。不久前，国资委研究中心举办“中外名家系列讲座”，邀请王东京教授作主讲嘉宾。正是借讲堂互动的机会，我得以与教授面对面交流，并有了《中国的难题》这本书的合作。

读完书稿，掩卷而思。这部书与其说是一部通俗的经济学专著，不如说是经济学家看世界的真实表达。全书收录了作者自2005年8月以来在《21世纪经济报道》的专栏文章，并整理成学界之争、求解“三农”、民以食为天、守望均衡、产经透析、融资有道、关注民生、科教随想、改革政府、官场点评等部分。全书把经济、社会、时政等问题纳入经济学的大视野，重点聚焦转轨时期中国经济社会的难题难事，从经济学专业角度一一进行分析、点评、解读，并以一种平和的心态、平易的口吻、平实的话语与人作倾心交流。作者说，他写此专栏，一是给政府出谋划策，二是给读者提供一些经济学的分析工具。读罢全文，我看作者应是文已随心。

本书鲜明的特色之一，是选题视角独特。作者有十年经济学专栏写作的历练，选题角度新、踩点好，能够抓准当下人们所关心的热点、难点问题，如“返券销售的秘密”、“让老百姓看得起病”、“‘跳槽’并非免费午餐”……都是当下的热门话题，再有“耕地流转的困难”、“谁来看住国资委”、“人民币自由兑换难在哪”……皆为现实经济社会的难点问题。热点、难点其实也就是看点与卖点。因此，单看目录开出的菜单，经济学著作能有如此面貌示人，已够惹眼的了。

其实，文章题目选得好，还只是第一步。如何组织文章，则是很有学问的事。如果少了理性分析，显得文章浅薄，少了事实佐证又显空洞。而本书所录文章理论思维缜密，逻辑推理严谨，事实采择充分，论证有理有据，分析入情入理。疑难问题一经点拨，即能让人眼前一亮。例如在《勿误读经济人假定》

一文中，点将亚当·斯密、哈耶克等理论大师，回归最原初的状态去寻找“经济人”的理论之源，还原“经济人”的本性，再切换到现实中，用“农村联产承包制”的成功实践以及现行相关政策、条例等实例，来论证“经济人”假定，澄清误解，还“经济人”本真面目。读作者的专栏文章，你可以“碰面”诸多的经济学大师，也能够获取很多来自基层的第一手材料。如此活用理论，吃透国情国策，是本书的又一特色。

作者曾在《中国经济时报》《中国青年报》《21世纪经济报道》《南风窗》《瞭望东方》等报刊写专栏，十年笔耕不辍，既练就了求真务实，不装腔作势、故弄玄虚，不说违心话的学术操守，也形成了稳健的文风和个色化的行文特点：简洁、平实、生动。文章短小，文字简约；短句多，民俗用语多；行话正宗，套话少；高深的理论简单化，复杂的问题形象化。像谈到价格弹性理论、投资（消费）乘数理论时，作者仅寥寥数语便道出问题的实质或者只用一则简单数学推算就把道理给说通了；而在论及目前中国市场只放开一般商品价格、不放开利率这种不完善的市场机制运行状况时，作者把它比喻成骑自行车，前闸松开，后闸还捏着，蹬起来既费力，又跑不快。这就把复杂的问题具体化、形象化了，让人一读即懂。

尤其难能可贵的是，作者观察问题的立场客观独立，不偏不倚。时下中国经济正在转轨，市场化进程引起各利益主体博弈，矛盾交错。作为学界中人，能尊重事实、严守逻辑、发现真理实属不易。但凡问题作者必表明自己的主张和态度。字里行间体现了一位温和的、理性的、有道德的经济学人的责任和情感。如《城市的归城市　农村的归农村》等文章体现出对弱势群体的倾心关注。

作者用经济学的大视野来观察社会、时政，如民主、官场等问题，也值得一提。兴许光看标题，可能会造成一点思维接受上的突兀感，但读完文章则别有滋味。应该说，拿纯经济学的理论工具解释公共领域内的问题，作者虽然涉足不深，但做这种尝试本身就算得上对经济理论的创新性应用吧。

专栏不好写。议什么题固然可以自由选，但是如何提出议题，如何相互交流，如何梳理论争，如何凸显要点，如何归纳结论，而这些要自然而然地完成，并不是件容易事，可作者做到了。本书所收录的六十多篇专栏文章，读热了市场，读懂了世情。而今，结集成书自有他的道理。尽管在全书的结构分层方面，有新意也有不妥之处，它不可能不留下专栏文章的痕迹。但这并不妨碍你陷入书中，与作者一起操心家国大事，追求公平竞争与共享繁荣的市场唯美境界。

与思想者同行[①]

孟晓驷

目前国内经济学著术很多，但把经济学写得严谨深刻而又明白晓畅的，却并不多见。中央党校经济学部主任、著名经济学家王东京教授十年如一日，为国内深有影响的报刊执笔专栏，每逢结集出版，旋即畅销不衰，确有其独到之处。

最近由中国青年出版社出版的《中国的难题》，是王东京教授的第十本文集。该书起于为《21 世纪经济报道》写专栏，成书前已有四十万读者热读。其间电话、书信、电子邮件不断，对文中的观点或力挺或反对，反响甚过以往。与作者先前的著作比，此书涵盖范围更广，触及热点难点更多，对中国的现实问题剖析得更深刻，作者的观点也更为犀利，方法也更为独特。

① 作者为文化部副部长。

《中国的难题》共分十章，洋洋洒洒二十余万字，从“三农”到民生，从产经到金融，从科教到政府改革，从学界之争到官场点评，林林总总六十余篇。文风清新，文字平易，内涵深邃。读来如行云流水，令人不忍释卷。他那些直抒胸臆、实事求是的真知灼见，那些举重若轻、妙趣横生的大家之笔，深刻折射出一名经济学家的学术功力、治学态度和个人品格，反映着一位思想者的超然与执著。在夜深茶凉而读兴犹酣之际，不由得生出“通古今之变，成一家之言”的良多感慨。

《中国的难题》第一篇即开宗明义地提出，实行市场取向改革，不仅是中央定的大局和人心所向，更是历史的选择，并进一步指出，“用市场经济取代计划经济，并不意味着市场万能”，“我们实行市场取向的改革，是要告别那种既不讲节约又不讲效果的计划经济。”在《勿误读经济人假定》一文中，作者针对社会上对经济人假定的误解，追本溯源，联系古今予以澄清：“经济学假定人自私，绝非倡导人们自私。恰恰相反，它是提醒决策者，若要惩恶扬善，就必须注意人性的自然弱点”，“从好人（无私）假定出发，会设计出坏制度；从坏人假定出发，会设计出好制度。”寥寥数语，却言简意赅，鞭辟入里。

不独关注理论，对于一些有意思的社会现象，作者也给予了经济学的诠释。云南曾靠一片烟叶打造了一个产业，用一片花叶成就了一个产业，那么如何才能用一片茶叶成就一个新的普洱茶产业？作者认为，“要做大普洱茶产业，应先开发需求，通过放大需求，拉动价格上涨”。而开发需求，就要在收入变、偏好变、产品变上下工夫，影响需求的因素变了，需求量和价格就会变。对于返券销售，作者深刻揭示了其中的秘密，作者认为，“无论何种方式的价格打折，都是在供过于求的条件下，卖方市场向市场均价的回归。”一个微观的社会现象，从宏观上分析就有了更深刻的解释，可谓洞若观火。

立足现实，关注社会，用经济学理论剖析、解决改革开放中的热点、难点问题，是王东京教授的一贯作风。在《稳住人才应成为国家战略》一文中，作者提出，在这个日益开放的世界里，人才流动是个必然的趋势。特别是中国这样的发展中国家，生活水平和工作条件跟西方差距大，不可能彻底避免人才流失，“相比较而言，还是应该在留住国内人才上下工夫，尽量减少人才外流。而当务之急是要改革我们的用人制度，打破常规，不拘一格，物尽其用，人尽其才，真正把国内的人才用起来，给他们一个舞台，留出一片天地，让他们挑大梁，担重任，施展才华。”这就体现了一个学者高度的社会责任感。

作为中央党校的教授，王东京始终恪守着科学的经济学研究方法，力求揭示经济社会现象的内在客观规律和深刻内涵，诚如作者在新书序言中所说：“经济学作为一门科学，要求学者在做研究时，务必把个人情感放下，不然，让情感先入为主，就容易作茧自缚，难以发现真理。”多年来，王东京教授一直身体力行地在学者与官员、学者与民众之间寻求一种有效的沟通，让经济学不仅解释经济社会现象，还能有助于政府决策；不仅总结过去，还能观照现实、前瞻未来。他经常深入厂矿乡村进行调查研究，广泛与官员、企业家、学者、百姓沟通切磋，探讨柴米油盐，谈论国计民生。他的第一本专栏文集《与官员谈西方经济学》，为读者打开了一扇通往西方经济学的便捷之门。接着又以《与官员谈中国经济》《与官员谈经济政策》《聚焦时政》等书，为大众提供了一整套用经济学的假定、原理、方法来求解现实经济社会问题的钥匙。既授人以鱼，又授人以渔，这就是王教授的著作能得到读者青睐与厚爱的理由。十年弹指一挥间。在这部《中国的难题》里，我们看到的是作者不变的求真求实的精神，是书中一贯的清新活泼朴实深刻的文风，是作者承载于其中永远不变的真诚希冀和高尚的学术操守。

作为很多学术观点、理论的原创者和较早倡导者，王东京教授不仅有为企业、为大众、为弱势群体鼓与呼的勇气，也有着一如既往冷静前行的毅力。他是一位经济学家，同时也是在改革道路上不断前行的思想者。相信他的这部新著一定能够为读者所垂青，一定能够对国家民族社会的发展带来有益的启示。

值此秋风送爽、丹桂飘香之际，让我们选一本好书做伴，与生活相伴，与思想者同行。

发表时间索引

改革过大关

改革尚待攻坚（2007 年 2 月 8 日）

产交所任重道远（2006 年 10 月 8 日）

大部委制妙不在大（2008 年 2 月 22 日）

事业单位何去何从（2008 年 2 月 16 日）

让政府成为仆人（2007 年 2 月 14 日）

居者有其屋

反暴利是隔山打牛（2006 年 12 月 16 日）

房产升值不是铁律（2006 年 12 月 25 日）

房价的三个火枪手（2006 年 12 月 30 日）

补砖头不如补人头（2007 年 4 月 5 日）

和谐万事兴

推进公平三策（2007 年 2 月 5 日）

幸福的参照（2007 年 1 月 11 日）

政府不必补贴富人（2008 年 1 月 4 日）

国民收入应向个人倾斜（2007 年 11 月 10 日）

高等教育何以公平（2007 年 12 月 23 日）

人口双刃剑

基本国策不可轻变（2006 年 12 月 11 日）

人口问题要标本兼治（2007 年 1 月 9 日）

8000 亿元空账的着落（2007 年 2 月 9 日）

北京的人口问题（2008 年 2 月 29 日）

市场观潮

为全民炒股辩护（2007 年 5 月 25 日）

关键在引导预期（2007 年 5 月 18 日）

普洱茶涨价有泡沫吗（2007 年 4 月 23 日）

美元化焉知祸福（2007 年 2 月 12 日）

实名存款有喜有忧（2007 年 2 月 9 日）

香港金融保卫战回眸（2007 年 6 月 27 日）

发展是硬道理

湖南新工业化梦想（2007 年 3 月 2 日）

政府要有所不为（2007 年 8 月 10 日）

统筹城乡三大重点（2007 年 8 月 24 日）

耕地占补应全国平衡（2007 年 9 月 28 日）

制度与规则

交易费用与产权安排（2008 年 4 月 11 日）

成都“地权改革”的意义（2008 年 7 月 31 日）

产权安排与资源争用规则（2007 年 9 月 7 日）

用一招可减少矿难（2007 年 7 月 29 日）

为何要有纪检委（2006 年 12 月 31 日）

立足内需

坚守扩需的底线（2007 年 1 月 30 日）

加薪的困难（2008 年 1 月 10 日）

让人们拥有财产性收入（2007 年 10 月 19 日）

减税的理由（2008 年 3 月 7 日）

增值税应当转型（2007 年 1 月 27 日）

个税不妨网开一面（2008 年 4 月 30 日）

守住货币闸门

货币政策当以静制动（2007 年 4 月 10 日）

稳住汇率是大局（2007 年 6 月 7 日）

涨价未必就是通胀（2007 年 6 月 22 日）

加息不能压缩流动性（2007 年 5 月 24 日）

汇率制度各有千秋（2007 年 5 月 20 日）

科教兴邦

什么在妨碍科技创新（2007 年 10 月 27 日）

新互联网推广的困难（2007 年 12 月 16 日）

发展文化产业重在维权（2008 年 1 月 26 日）

大学博导的功用（2007 年 12 月 1 日）

评职称为何不能抓阄（2007 年 12 月 8 日）

经济学与经济学家

附　录

（京）新登字 083 号

图书在版编目（CIP）数据

中国的选择 /王东京著. -北京:中国青年出版社,2008

（王东京经济观察）

ISBN 978-7-5006-8378-0

Ⅰ.中… Ⅱ.王… Ⅲ.经济-中国-文集 Ⅳ.F12-53

中国版本图书馆 CIP 数据核字（2008）第 113646 号

中国的选择

王东京经济观察

作　　者：王东京
责任编辑：方小玉
封面设计：国立工作室
出版发行：中国青年出版社
社　　址：北京东四 12 条 21 号（邮编 100708）
网　　址：www. cyp. com. cn
门市电话：010-57350370
编辑电话：010-57350503
　　　　　blog.sina.com.cn/m/Fxy
印　　刷：三河市祥达印装厂
经　　销：新华书店
开　　本：660 × 970　1/16
印　　张：20.75
插　　页：2
字　　数：218 千字
版　　次：2008 年 10 月北京第 1 版
印　　次：2010 年 8 月河北第 3 次印刷
印　　数：18001—23000 册
定　　价：36.00 元